CRIMINOLOGIA
para concursos

EDITORA AlfaCon Concursos Públicos

Diretor Geral: Evandro Guedes
Diretor de TI: Jadson Siqueira
Diretor Editorial: Javert Falco
Gerente Editorial: Mariana Passos
Editora: Paula Craveiro
Assistente Editorial: Dayane Ribeiro
Coordenação Revisão de Texto: AlfaCon
Coordenação de Editoração: Alexandre Rossa
Capa e diagramação: Emilly Lazarotto

Dados Internacionais de Catalogação na Publicação (CIP)
Angélica Ilacqua CRB-8/7057

B724c

Bordignon, Fabiano
  Criminologia para concursos / Fabiano Bordignon. - Cascavel, PR : AlfaCon, 2022.
  138 p. (Coleção Para Concursos)

Bibliografia
ISBN 978-65-5918-481-1

1. Serviço público - Concursos – Brasil 2. Criminologia 3. Direito penal 4. Sociologia 5. Segurança pública I. Título II. Série

22-4183   CDD 351.81076

Impressão: Renovagraf

Índices para catálogo sistemático:
1. Direito previdenciário - Concursos - Brasil

Dúvidas?
Acesse: www.alfaconcursos.com.br/atendimento
Núcleo Editorial:
  Rua: Paraná, nº 3193, Centro - Cascavel/PR
  CEP: 85.810-010
Núcleo Comercial/Centro de Distribuição:
  Rua: Dias Leme, nº 489, Mooca - São Paulo/SP
  CEP: 03118-040

Data de fechamento 1ª impressão: 18/08/2022

SAC: (45) 3037-8888

Proteção de direitos
Todos os direitos autorais desta obra são reservados e protegidos pela Lei nº 9.610/98. É proibida a reprodução de qualquer parte deste material didático, sem autorização prévia expressa por escrito do autor e da editora, por quaisquer meios empregados, sejam eletrônicos, mecânicos, videográficos, fonográficos, reprográficos, microfílmicos, fotográficos, gráficos ou quaisquer outros que possam vir a ser criados. Essas proibições também se aplicam à editoração da obra, bem como às suas características gráficas.

Atualizações e erratas
Esta obra é vendida como se apresenta. Atualizações - definidas a critério exclusivo da Editora AlfaCon, mediante análise pedagógica – e erratas serão disponibilizadas no site www.alfaconcursos.com.br/codigo, por meio do código disponível no final do material didático Ressaltamos que há a preocupação de oferecer ao leitor uma obra com a melhor qualidade possível, sem a incidência de erros técnicos e/ou de conteúdo. Caso ocorra alguma incorreção, solicitamos que o leitor, atenciosamente, colabore com sugestões, por meio do setor de atendimento do AlfaCon Concursos Públicos.

Apresentação

Criminologia é o conjunto de conhecimentos acerca do crime, da criminalidade e suas causas, da vítima, do controle social do ato criminoso, bem como da personalidade do criminoso e da maneira de ressocializá-lo.

A obra **Criminologia para Concursos** se destaca por ser formatada de maneira objetiva, de modo a oferecer ao concurseiro uma visão ampla e prática sobre o tema. Também proporciona um estudo com uma metodologia leve e descomplicada, que é reforçada por uma série de questões, que tem a finalidade de auxiliar na fixação do conteúdo estudado, auxiliando o concurseiro em sua jornada rumo à aprovação em um concurso público.

Bons estudos!

Se liga no vídeo!

RECURSOS

App AlfaCon Notes — Neste livro você encontra o **AlfaCon Notes,** que é um app perfeito para registrar suas **anotações de leitura**, mantendo tudo **organizado e acessível** em seu smartphone. Deixe **sua leitura mais prática** e armazene tudo que puder! Viva a experiência AlfaCon Notes. É só seguir o passo a passo para a instalação do app.

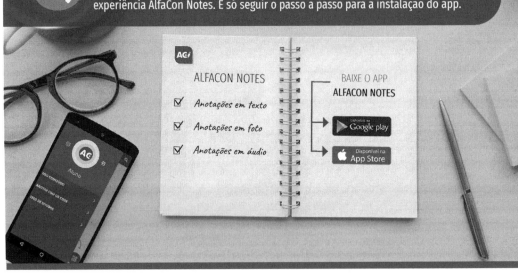

Passo 1 — Instale o **Aplicativo AlfaCon Notes** em seu smartphone.

Passo 2 — Você terá acesso ao seu feed de estudos, no qual poderá encontrar todas as suas anotações.

App AlfaCon Notes — Para criar uma nova anotação, clique no ícone localizado no canto inferior direito da tela.

Passo 3 — Cada tópico de seu livro contém **um Código QR** ao lado.

App AlfaCon Notes — Escolha o tópico e faça a leitura do Código QR utilizando o aplicativo AlfaCon Notes para registrar sua anotação.

Pronto! Agora você poderá escolher o formato de suas anotações:

Texto:
Basta clicar no campo **"Escreva sua anotação"** e digitar seu comentário, **relacionado ao conteúdo** escolhido.

Áudio:
Clique no ícone **"microfone"**, na lateral inferior direita, mantenha o ícone pressionado enquanto grava suas considerações de voz sobre o tópico que está lendo.

Foto:

1) Clique no ícone, na lateral **inferior esquerda**.

2) **Fotografe** as anotações realizadas durante sua leitura.

3) Envie no ícone na lateral **inferior direita**.

» Agora você tem suas **anotações organizadas** e sempre à mão. Elas ficarão **disponíveis** em seu smartphone.

» Pronto para essa **nova experiência?** Então, baixe o app **AlfaCon Notes** e crie suas anotações.

Mais que um livro, é uma experiência!

SUMÁRIO

1 INTRODUÇÃO À CRIMINOLOGIA 9

    1.1 Método 11

    1.2 Algumas técnicas de investigação em Criminologia 11

    1.3 Conceito 12

    1.4 Relações 12

    1.5 Criminologia: multidisciplinaridade ou interdisciplinaridade? 13

    1.6 Objetos da Criminologia 14

    1.7 Funções e finalidades da Criminologia 19

2 EVOLUÇÃO HISTÓRICA DA CRIMINOLOGIA 20

    2.1 Nascimento da Criminologia e a "Guerra das Escolas" (Clássicos Positivistas) 20

    2.2 Evolução histórica pós-Guerra de Escolas 26

3 ESCOLAS E TEORIAS CRIMINOLÓGICAS 29

    3.1 Clássica 29

    3.2 Escola Neoclássica 30

    3.3 Escola Positivista 30

4 VITIMOLOGIA 37

    4.1 Desenvolvimento histórico da vítima 37

    4.2 Classificação das vítimas 37

    4.3 Vitimização 40

    4.4 Programas e políticas de estado 40

5 SISTEMA PENAL E ESTRUTURA SOCIAL 42

    5.1 Correntes do Direito na Criminologia 43

    5.2 Políticas de Segurança Pública 44

    5.3 Direitos humanos 47

6 MODELOS SOCIOLÓGICOS E SOCIOLOGIA CRIMINAL 51

    6.1 Teorias do consenso 52

6.2 Teorias do conflito 56

6.3 Teorias do processo social 58

6.4 Outras teorias importantes 62

7 SISTEMAS PENITENCIÁRIOS E INSTÂNCIAS DE CONTROLE 66

7.1 Sistemas penitenciários 66

7.2 Instâncias de controle 69

8 FATORES CONDICIONANTES E DESENCADEANTES DA CRIMINALIDADE 71

9 PREVENÇÃO DO DELITO 75

9.1 Prevenção primária 75

9.2 Prevenção secundária 75

9.3 Prevenção terciária 75

9.4 Reação social ao delito 76

9.5 Teorias sobre as funções da pena 76

10 POLÍTICAS DE SEGURANÇA PÚBLICA E SERVIÇOS PENAIS NO ESTADO DEMOCRÁTICO DE DIREITO E PARTICIPAÇÃO SOCIAL 80

10.1 1ª Conferência Nacional de Segurança Pública (1ª Conseg) 80

10.2 Secretaria Nacional de Segurança Pública (Senasp/MJ) 82

10.3 Força Nacional de Segurança Pública (FNSP) 83

10.4 Gabinete de Gestão Integrada (GGI) 84

10.5 Conselho Nacional de Segurança Pública (Conasp) 84

10.6 Estratégia Nacional de Justiça e Segurança Pública (Enasp) 85

10.7 Sistema Único de Segurança Pública (Susp) 86

10.8 Política Nacional de Proteção aos Defensores dos Direitos Humanos (PNPDDH) 89

10.9 Conselho Nacional de Combate à Discriminação e Promoção dos Direitos de Lésbicas, Gays, Bissexuais, Travestis e Transexuais (CNCD/LGBT) 91

QUESTÕES 92

GABARITOS 138

1 INTRODUÇÃO À CRIMINOLOGIA

Considerada uma ciência dedicada ao estudo do crime como manifestação social, a Criminologia dedica-se também ao estudo das formas de reação social ao delito, da figura do delinquente (criminoso), da vítima e das diversas formas de controle social. Nesse sentido, ela exerce a crítica de todas as ciências que tratam de algum aspecto do estudo do crime e da violência, predominantemente do Direito Penal e Processo Penal, e dialoga com todas elas.

A Criminologia se afirma como ciência, pois tem objetivos, métodos e fornece conhecimento válido e necessário para a sociedade e o homem. Não é apenas uma arte (que, para Aristóteles, consistia em tudo que não era ciência) ou mera práxis (ação ou agir reflexivo).

Por ter grande campo de visão e não se limitar apenas ao Direito, essa ciência é estudada por profissionais das mais diversas áreas do conhecimento, como psicólogos, sociólogos, antropólogos, psiquiatras, economistas e operadores do Direito e juristas. Por isso, é normalmente denominada como ciência multidisciplinar, uma vez que vários saberes se enfeixam (reúnem) para seu estudo.

A Criminologia é uma ciência do mundo do **ser**, da coleta, da discussão e da observação dos mais diversos fenômenos sociais (como crime, criminoso e vítima), de análise da realidade circundante. Possui grande espectro de estudo, com objetos e pretensões muito maiores do que os perseguidos pelo Direito Penal e Processo Penal, por exemplo.

Essa ciência difere do Direito Penal (e do próprio Direito), que é uma ciência normativa ou do **dever ser**, também denominada como cultural, com normas prescritivas de condutas, que pune com sanções as ações/omissões que contrariem as normas mais caras ao funcionamento da sociedade. Por outro lado, a Criminologia busca observar e coletar, nas mais diversas sociedades/realidades, dados sobre crimes e as formas de decidir como eleger condutas e classificá-las como delitos. Desse modo, tem por objetivo **apontar práticas para o incremento da prevenção de crimes, bem como oferecer formas mais humanizadas de repressão**.

A Criminologia estuda igualmente a figura do criminoso, questionando os condicionamentos individuais e sociais que podem levar à transgressão das normas penais. Ela questiona como é feita a atribuição/imputação de um delito a uma pessoa ou a determinada classe social, demonstrando, por exemplo, que alguns grupos sociais são mais frágeis e vulneráveis à criminalização, em detrimento de outros estamentos, que estariam mais protegidos da imputação de crimes pelo poderio econômico, social e político que possuem.

Atenção!

A Criminologia **sente** a realidade e busca explicá-la (mundo do ser). Já o Direito, por sua vez, **valora** e **determina** a realidade a partir de inúmeros critérios e preceitos de valor (também denominados de axiológicos). Por isso, afirma-se como ciência do dever ser, de como as coisas devem ou deveriam ser e não de como atualmente são.

A classificação entre mundo ou âmbito do ser e do dever ser é atribuída a Hans Kelsen (1881-1973), em sua obra *Teoria Pura do Direito* (1934). Na obra, o autor classifica o aspecto do ser como o mundo natural, o mundo dos fenômenos, a própria sociedade, por exemplo. Já o mundo do dever ser representaria a previsão das normas que buscam dirigir a conduta.

Como exemplo da diferença de enfoques e visões, pode-se analisar o art. 176 do Código Penal, tanto no aspecto penal como criminológico.

Art. 176 Tomar refeição em restaurante, alojar-se em hotel ou utilizar-se de meio de transporte, sem dispor de recursos para efetuar o pagamento.

Pena – *Detenção, de 15 (quinze) dias a 2 (dois) meses, ou multa.*

O Direito Penal estudará o referido artigo a partir das noções teóricas e normativas do conceito analítico de crime (fato típico, ilícito e culpável), passando, eventualmente, por uma análise jurisprudencial (decisões reiteradas dos Tribunais), dentre outras. Mas uma análise criminológica enfatizará os porquês da decisão legislativa de punir a conduta de quem se nega a pagar alimentação, tendo recursos para tal, em detrimento de quem não possui recursos para alimentação, passível de criminalização. Buscará também estabelecer um estudo de como se manifestam, na prática, as punições por tal delito, formando estatísticas e demonstrando, por exemplo, a seleção operada no mundo real (ser).

Pode-se dizer, também, que a Criminologia se debruça sobre o estudo de como efetivamente funciona todo o sistema de justiça criminal e o processo de criminalização/ punição, integrado tradicionalmente pela polícia, justiça e prisão. Desse modo, aponta observações críticas ao processo seletivo de criminalização, desde o momento político de edição da norma penal até a atividade concreta de exercício do direito de punir, atividade que normalmente recai sobre classes sociais mais vulneráveis, do ponto de vista econômico.

A prevenção e o conhecimento sobre os fenômenos criminais demanda muito mais do que o estudo técnico-jurídico que nos fornece o Direito Penal. Para além da técnica e do estudo sistemático do Direito Penal, é necessário que o profissional de segurança pública, por exemplo, tenha noção de que a diminuição dos índices de violência depende apenas em parte da aplicação, tanto do Direito, como do Processo Penal. Deve-se ter em mente que o crime é fenômeno multicausal, com inúmeras causas e processos decorrentes. Daí a razão para a matéria Criminologia começar, de forma salutar, a ser cobrada em concursos públicos, como reflexo, também, do seu aparecimento nos currículos de graduação.

Repare que a Constituição Federal de 1988, ao tratar sobre a segurança pública (art. 144), dentro do título sobre a defesa do Estado e das Instituições Democráticas, prescreve ser a segurança pública não só um dever do Estado, mas também um direito e uma responsabilidade de todos. Ou seja, a responsabilidade pela segurança pública não pode ser debitada apenas na conta das Polícias, mas deve ser buscada de forma incisiva por todos os integrantes da sociedade.

A Criminologia também estuda as várias formas de controle social que são tradicio- nalmente classificadas em:

> ▶ **Controles sociais informais:** caracterizados predominantemente pelo pouco ou nenhum formalismo para o exercício das sanções, como são os casos dos controles familiares, escolares, profissionais, da opinião pública em geral, grupos de pressão (sindicatos e ONGs) e clubes de serviço.

- > **Controles sociais formais:** são os exercidos pelo Estado, mediante aparelho político/burocrático e, assim, possuem um acréscimo de formalismo para aplicação das sanções, que será tanto maior quanto mais grave for a sanção aplicada e a possibilidade de aplicação de penas privativas de liberdade. Consistem nos controles sociais exercidos pelas Polícias, Justiça, Ministério Público, Forças Armadas, Prisão, órgãos de trânsito, prefeituras etc.

1.1 Método

Quanto ao método, diz-se que, na Criminologia, utiliza-se preponderantemente do **método empírico. Empirismo** é uma corrente filosófica que valoriza a observação, a coleta de dados e a análise indutiva (do particular para o geral) para fazer ciência e obter conhecimento. Por sua vez, a epistemologia é também outro conceito importante ligado ao método empírico, consistindo na teoria do conhecimento, ou no estudo sobre as formas e os métodos empregados pelo homem para aprender. Um dos métodos estudados pela epistemologia é o empirismo.

Assim, é importante frisar que o método principal da Criminologia é o empírico, em que se destacam a **experiência**, a **indução**, a **observação** e a **análise social**, partindo-se do princípio de que toda verdade pode e deve ser verificável na prática.

Já para o estudo do Direito, normalmente se utiliza o **método dogmático**, no qual predomina o estudo das normas jurídicas, partindo-se do plano geral da lei para a incidência específica do caso concreto (dedução).

Como a Criminologia é uma ciência multidisciplinar, que se utiliza de várias visões e ciências, como a Sociologia, o Direito, a Psicanálise, a Economia, a Antropologia, a Política e a Filosofia, empresta também de tais ciências o caminho (método) de se fazer ciência e procura integrar suas conclusões e mensagens. Lembre-se sempre de que quem comete crimes é o ser humano, um sujeito histórico extremamente complexo.

1.2 Algumas técnicas de investigação em Criminologia

Sabe-se que o método preponderante da Criminologia é o empírico. Desse modo, podem ser diferenciadas algumas técnicas de observação (também denominadas de métodos) em quantitativas ou qualitativas.

- > **Quantitativas:** um exemplo ocorre quando a Criminologia se utiliza de estatísticas ou de quaisquer métodos de medição, por exemplo, buscar a estatística de crimes contra o patrimônio em um determinado ano, ou os índices de homicídio como forma de aferir (medir) o grau de violência de uma região. Repare que, nesses casos, não se trata de Direito Penal, mas de um estudo muito mais abrangente, próprio da Criminologia. O Direito Penal trata cada crime de forma isolada e técnica. A Criminologia vai estudar todo o contexto.

- > **Qualitativas:** seriam as técnicas de pesquisa em que o cientista da Criminologia procede a entrevistas aprofundadas sobre o perfil e as condutas das vítimas de certos crimes, bem como quando faz observações, coletas de dados e perfis de criminosos em unidades prisionais. São técnicas também denominadas de intensivas ou de profundidade.

CRIMINOLOGIA
para concursos

Fala-se, ainda, em técnicas ou **métodos transversais**, com a análise de uma única medida da variável ou do fenômeno observado. Já os métodos **longitudinais**, mais importantes e abrangentes, buscam várias medições, em diversos momentos.

O georreferenciamento de crimes, muito comum atualmente, consiste na medição por região geográfica (cidade, bairro e até mesmo ruas) da incidência de crimes, como forma de permitir que a Secretaria de Segurança Pública e suas polícias distribuam melhor o policiamento. Um exemplo de técnica longitudinal ocorre quando são feitas análises estatísticas sobre diversos períodos e regiões.

Por sua vez, há também a ideia de prognóstico criminológico como sendo a reunião e a análise de determinados dados e estatísticas que possibilitem o estudo de probabilidade de reincidência do criminoso.

- ▶ **Perfilamento criminal:** técnica de investigação policial, muito difundida nos Estados Unidos, que consiste na aplicação de recursos e conhecimentos técnicos nas áreas da Psicologia, da Criminologia, da Antropologia e outras, para traçar um perfil criminal do autor de crimes, normalmente violentos e sequenciais, como que numa "engenharia reversa do crime" (Penteado Filho).

- ▶ **Criminalidade real:** dado estatístico real sobre os crimes cometidos em uma sociedade.

- ▶ **Cifra negra (cifra oculta):** quantidade de crimes que, mesmo cometidos, não chegam ao conhecimento das autoridades, por falta de notificação ou não são apurados, como pequenos furtos, delitos sexuais etc.

- ▶ **Cifra dourada:** infrações penais cometidas pelas elites econômicas, não notificadas, ou não investigadas, como crimes de sonegação e lavagem de dinheiro.

1.3 Conceito

Podemos conceituar Criminologia como a ciência do ser, que se dedica de modo multidisciplinar e mediante a análise das experiências humanas, de maneira predominantemente empírica. Portanto, essa ciência se reporta ao estudo do delito como fenômeno social, dos processos de elaboração das leis, das várias formas de delinquência e das reações sociais ao crime, passando pelas causas da criminalidade, pela posição da vítima, e percorrendo os sistemas de justiça criminal e as inúmeras formas de controle social.

- ▶ **Criminalização primária:** o legislador faz a lei penal, prevendo a criminalização de uma conduta determinada.

- ▶ **Criminalização secundária:** violada a norma penal, nasce a possibilidade de se punir o infrator, por meio do Processo Penal. EsSe momento é quando, normalmente, criminalizam-se aqueles mais fáceis de se criminalizar.

1.4 Relações

A Criminologia, por se propor a um estudo multidisciplinar do delito e do criminoso (dentre outras), guarda estreitas relações, tanto com disciplinas de métodos empíricos, como a Biologia, a Psicologia e a Sociologia, como com o Direito Penal, de método normativo, ciência do dever ser.

Com o Direito Penal, todavia, as relações nem sempre foram amistosas. Isso porque o Direito estuda o crime de forma técnico-normativa e normalmente isolada de manifestações e influências sociais, muitas vezes ainda contrárias à sociedade. Já a Criminologia faz a crítica, demonstrando que o delito e o criminoso são produtos da sociedade e criações das leis penais.

Atualmente, Direito Penal e Criminologia são disciplinas de interesses comuns. O Direito Penal volta-se, sobremaneira, para a dogmática (técnicas) e para a previsão de como a sociedade deve ser. A Criminologia, por sua vez, por meio suas pesquisas e coletas de dados no mundo do ser (realidade), procura fornecer dados sólidos para eventuais mudanças legislativas e processuais. Pode-se dizer que a Criminologia alimenta o Direito Penal com os dados da realidade (dados empíricos), de forma que o Direito Penal possa alterar ou aprimorar as normas e prescrições de como a sociedade pode **aproximar o ser do dever ser**.

A **Política Criminal** é, desse modo, a disciplina que busca o encontro tanto com o Direito Penal como com a Criminologia, de maneira a buscar estratégias para entendimento e aprimoramento da organização social. Ela é a ponte de ouro entre o Direito Penal (e Processual) e a Criminologia. Ela oferece aos poderes públicos as opções científicas concretas mais adequadas para controle do crime, para o entendimento do criminoso, da vítima e dos meios e formas de controle social.

Por exemplo: mediante pesquisas criminológicas de georreferenciamento de crimes, em região, que demonstrem grande incidência de delitos contra a vida e o patrimônio, no período noturno, a Política Criminal pode recomendar como uma das estratégias viáveis aprimorar a iluminação pública daquela região, bem como aumentar o efetivo policial, nos horários de maior incidência dos delitos.

1.5 Criminologia: multidisciplinaridade ou interdisciplinaridade?

A Criminologia é uma ciência do mundo do ser que tanto pode ser interdisciplinar como multidisciplinar. Os termos se completam e não se excluem.

Interdisciplinar, pois busca tangenciar saberes próximos, não se tratando de uma ciência que se isola em seus estudos. A multidisciplinariedade, que não se contrapõe à interdisciplinaridade, consiste na busca de conhecimentos nas mais diversas ciências e artes do conhecimento humano, sem preconceitos, limitações ou distâncias. Também é coerente com os objetivos múltiplos de estudo da Criminologia, que investiga não apenas o crime, mas também o criminoso, a vítima e o controle social, podendo, inclusive, resolver por novos objetos futuros.

Na doutrina, normalmente as referências são de que a Criminologia é uma ciência interdisciplinar. Porém, não deixa de ser também uma ciência multidisciplinar, pois permite um conhecimento final mais eclético e múltiplo e autônomo, típico das explorações da ciência Criminológica.

A concepção interdisciplinar, por sua vez, é mais linear. Por isso, alguns autores preferem a noção de Criminologia como uma ciência que busca diversos conhecimentos e ciências, da forma mais ampla e múltipla possível, de maneira a colher elementos passíveis de permitir o melhor entendimento do fenômeno delitivo. Repare que como ciência a Criminologia é autônoma, mas que se aprimora sempre compartilhando outros saberes de forma plural.

A ideia de interdisciplinaridade consiste naquilo que seria comum a duas ou mais disciplinas. Enquanto multidisciplinariedade, seria um sistema de investigação que busca resolver os objetos da criminologia (como o crime, o delinquente, a vítima e o controle social) com as experiências de várias disciplinas (Psicologia, Direito, Economia, Psiquiatria, Sociologia etc.) de modo a melhor entender o fenômeno criminal, como objetivo próprio e às vezes diverso das ciências parceiras de que se utiliza. Não são conceitos antagônicos.

É necessário mencionar o que Lelio Braga Calhau diz:

> *A Criminologia busca mais que a multidisciplinaridade. Esta ocorre quando os saberes parciais trabalham lado a lado em distintas visões sobre um determinado problema. Já a interdisciplinaridade existe quando os saberes parciais se integram e cooperam entre si [...].*

1.6 Objetos da Criminologia

1.6.1 Delito ou crime

Na Criminologia, o conceito de *crime* ou *delito* é objeto muito mais abrangente do que a noção de *crime* no Direito Penal. No Direto Penal, o crime é visto e estudado em sua porção individualizada (Fulano cometeu crime de homicídio em face de Beltrano). Nota-se que, sob essa ótica, emprega-se a técnica jurídica do conceito analítico (fato típico, ilícito e culpável). Já a Criminologia, em contrapartida, faz o estudo do crime enquanto manifestação social ou de uma comunidade específica.

Por exemplo, é típico da Criminologia a análise da incidência criminal, no âmbito social, a partir das estatísticas, como o conhecido índice de homicídios que, conforme estudos da Organização das Nações Unidas (ONU), é de aproximadamente 7 mortes para cada 100 mil habitantes em todo o mundo. O Brasil concentraria 11% dos homicídios praticados no mundo, com 25,2 mortes violentas para cada grupo de 100 mil pessoas.

A Criminologia indaga os motivos pelos quais determinada sociedade resolveu, em um momento histórico, criminalizar uma conduta. Por exemplo, qual foi o motivo que levou a tornar crime o corte não autorizado de árvores e o maltrato a animais e ao meio ambiente? Eventualmente, o estudante de Criminologia fundamenta o incremento da proteção ao meio ambiente com o crescimento populacional desordenado e a decorrente escassez dos insumos naturais, com prováveis incidências negativas para as populações futuras. Perceba-se que a nossa atual Lei de Crimes Ambientais é de 1998 (Lei nº 9.605), e antes as prescrições de crimes ambientais eram difusas na legislação, como no Código Florestal (Lei nº 4.771/1965). É possível perceber um aumento histórico na proteção penal para delitos contra o meio ambiente e esta é uma típica análise criminológica sobre necessidade social de penalização, em face à escassez de recursos.

Assim, é possível perceber que o conceito de crime nasce ou deveria nascer na sociedade antes da sua configuração como tal na legislação penal. É preciso que o fato tenha uma grande ocorrência e relevância social e passe a necessitar do apoio do Direito Penal

INTRODUÇÃO À CRIMINOLOGIA

para tentar dissuadir (não recomendar) a sua prática. Doutrinariamente, o Direito Penal é tido como a última das razões para prescrever a organização da sociedade e não deve ser vulgarizado ou ser utilizado para sancionar (punir) condutas que possam ser reprimidas por outros ramos do Direito como o Administrativo, por exemplo.

É de senso comum a ideia de que não se deve utilizar de uma bazuca para matar um simples mosquito, para o qual seria mais apropriado e necessário um simples inseticida. A Criminologia, ao analisar de forma ampla a ideia de crime, critica a criminalização desnecessária e buscar o porquê ideológico do apenamento de algumas condutas humanas, muitas vezes idealizadas para atingir grupos que se quer reprimir. Por exemplo: a criminalização das bebidas alcoólicas nos Estados Unidos, no início do século XX (1920-1933), seria uma forma de reprimir e ordenar o grande número de desocupados, em face da grande depressão (recessão econômica). Porém, ela também foi uma forma de reprimir a migração de algumas etnias.

É próprio da análise criminológica o questionamento sobre os motivos que levaram à criminalização do uso de determinadas substâncias entorpecentes (estupefacientes), em detrimento de outras. Sabe-se, por exemplo, que as bebidas alcoólicas possuem grande potencial lesivo junto aos seres humanos e à sociedade em geral, notadamente pelas possibilidades de abuso. Todavia, atualmente, não há qualquer menção em criminalizá-las, diferentemente das drogas classificadas como ilícitas. As razões explícitas e recônditas (escondidas) de tal proceder são explorações típicas da Criminologia.

Percebe-se que, no caso tanto do álcool como do tabaco, há um movimento mundial de limitação de propaganda. Tal movimento aparece como forma de, ao menos, não incentivar o início do consumo dessas substâncias por jovens. Isso vem somado às campanhas antitabagismo e de prevenção ao abuso do consumo de bebidas alcoólicas. No caso do cigarro, percebe-se também uma política de restringir seu uso a locais cada vez mais isolados. Tais medidas têm demonstrado aptidão a diminuir ou a dificultar o uso dessas drogas por parte dos adultos. Entretanto, para reprimir o uso por crianças e adolescentes, houve a criminalização daqueles que fornecem álcool, cigarros ou demais substâncias ilícitas para jovens em pleno desenvolvimento (art. 243 do Estatuto da Criança e do Adolescente [ECA] – Lei nº 8.069/1990, redação da Lei nº 13.106/2015).

É preciso, além disso, destacar o fato de que, muitas vezes, há oportunismo de alguns legisladores, que vulgarizam a criminalização para condutas que mereceriam disciplinamento e punições não penais (como multas administrativas e investimentos em educação, por exemplo). É importante manter o Direito Penal como a última das forças de reação da sociedade em face das transgressões sociais.

Com efeito, o Direito Penal é considerado como a última alternativa, pois é o único ramo do Direito que pode aplicar sanções de prisão, por exemplo. A Criminologia vai fazer a crítica da infração ou da vulgarização do Direito Penal, sempre que ele for empregado de forma equivocada, como para dar *status* especial para condutas que não merecem criminalização. A crítica também aparecerá quando o Direito Penal é aplicado como panaceia (remédio milagroso) para aplacar altos índices delitivos.

Para a Criminologia, o conceito de crime passa também pela necessária ideia de sofrimento e angústia que a violação de uma norma penal causa. Não se deve criminalizar condutas que não propiciem sofrimento social, devendo-se empregar outros ramos do Direito para tais objetivos.

A Criminologia vai incluir também, nos estudos sobre o delito, a necessidade de que a conduta criminosa seja assim considerada, quanto tiver alguma verificação insistente, em um dado momento histórico. Assim, é possível construir severas críticas à chamada Lei da Copa (Lei nº 12.663/2012) que, em seus arts. 30 a 36, criminalizou a mera utilização não autorizada de símbolos da FIFA, bem como a apresentação de quaisquer outras marcas em áreas dos eventos da Copa do Mundo.

Desse modo, Shecaira aborda quatro elementos pré-penais para o amplo conceito de delito/crime na Criminologia:

- que o fato tenha "incidência massiva na população";
- que haja "incidência aflitiva" no fato praticado;
- que haja "persistência espaço-temporal" no fato;
- que exista um "inequívoco consenso" sobre quais técnicas de intervenção seriam mais eficazes para o combate.

Raffaele Garófalo, um dos representantes do positivismo criminológico, no decorrer de seus escritos, tentou cunhar um conceito de delito natural, pré-existente ao Direto positivado e que seria universal, com possibilidades de orientar eventuais produções legislativas.

Para Garófalo, delito natural é:

> [...] a lesão daquela parte do sentido moral que consiste nos sentimentos de piedade (respeito aos bens alheios da personalidade) e de probidade (respeito aos demais bens dos terceiros) desde que haja ofensa a tais sentimentos. na parte mais comum, a que se considera patrimônio moral indispensável de qualquer indivíduo na comunidade [...].

A contribuição da Criminologia no estudo amplo do delito é perceptível no âmbito do Direito Penal, quando, atualmente, os estudiosos e os tribunais vêm admitindo o princípio da insignificância para declarar atípica uma conduta que não lesione, de forma concreta, o bem jurídico tutelado.

1.6.2 Delinquente/criminoso

A Criminologia também se dedica ao estudo do criminoso, ou delinquente. Nesse sentido, esse estudo merece várias evoluções e perspectivas.

O criminoso já foi visto como o pecador, como a representação do mal, como aquele que, mesmo tendo o livre arbítrio divino, optou pela vida do crime, típica concepção da **Criminologia Clássica**. Naquele momento, a concepção seria reprimir o mal causado, com a pena proporcional. Aqui, nasceu a perspectiva da pena de prisão como retribuição humana ao mal causado.

Posteriormente, para os **positivistas** (culto à ciência), o criminoso passou a ser visto como aquele ser que não teria livre arbítrio e, sim, um prisioneiro de sua patologia (doença) delituosa. O criminoso nasceria como tal e não teria como desvencilhar de sua herança atávica (ancestral). Para os adeptos de tal perfil, o delinquente deveria ser tratado da "doença do crime", permanecendo internado enquanto persistisse a "doença". A ideia da medida de segurança como sanção penal vem dessa corrente.

INTRODUÇÃO À CRIMINOLOGIA

Outra visão sobre o criminoso é aquela proposta pelos **correcionistas**, que advogam que o indivíduo inclinado ao delito é um ser inferior, sem atuação livre, intensamente condicionado e incapaz de assumir de forma emancipada a própria vida, suas vontades de seus impulsos. Precisa ser ensinado a viver em sociedade, educado e doutrinado a aceitar o contrato social. De acordo com essa visão, a reação da sociedade deveria ser de compaixão e de ensinamento (pedagogia).

Modernamente, entretanto, tem sido estudadas as condutas, em si, ao invés de se estudar estritamente o ser humano.

1.6.3 Vítima

A vítima é considerada, atualmente, a grande esquecida dos sistemas de Justiça Criminal. Já teve grande protagonismo no início das sociedades, nos tempos da chamada vingança privada, em que era a vítima que decidia e aplicava o direito de punir, atualmente monopólio Estatal.

Em que pese a falta de atuação consistente na atualidade, os estudos e as críticas por parte da Criminologia vêm, gradativamente, influenciando o legislador. Este passou a dar maior relevância à opinião da vítima, fato que possibilitou a composição dos danos, na fase preliminar do processo. Isso pode ser visto, por exemplo, na Lei dos Juizados Especiais Criminais (Lei nº 9.099/1995), para crimes e contravenções com penas de até 2 anos:

> *Art. 72 Na audiência preliminar, presente o representante do Ministério Público, o autor do fato e a vítima e, se possível, o responsável civil, acompanhados por seus advogados, o Juiz esclarecerá sobre a possibilidade da composição dos danos e da aceitação da proposta de aplicação imediata de pena não privativa de liberdade. [...]*
>
> *Art. 74 A composição dos danos civis será reduzida a escrito e, homologada pelo Juiz mediante sentença irrecorrível, terá eficácia de título a ser executado no juízo civil competente.*
>
> *Parágrafo único. Tratando-se de ação penal de iniciativa privada ou de ação penal pública condicionada à representação, o acordo homologado acarreta a renúncia ao direito de queixa ou representação.*
>
> *Art. 75 Não obtida a composição dos danos civis, será imediatamente ao ofendido a oportunidade de exercer o direito de representação verbal, que será reduzida a termo.*

1.6.4 Controle social

Percebe-se, ao observar as abordagens até aqui desenvolvidas, a grandiosidade de análise a que se propõe a Criminologia. Ao se dedicar ao estudo do controle social, ou dos diversos controles erigidos pela sociedade para dispor o convívio de todos, passa a Criminologia a estudar uma das parcelas formais de tal controle que é, por exemplo, o Direito Penal.

A Criminologia classificará os controles sociais como **formais** e **informais**:

- ▸ **Controles formais:** seriam aqueles mais explícitos, estabelecidos institucional e politicamente pelo Estado, em regulamentos e leis escritas. São exercidos pelos seus mais diversos órgãos como Polícia, Justiça, Ministério Público, Sistema de Justiça, Administração Penitenciária, Forças Armadas e demais agências burocráticas (departamentos de trânsito, educação etc.).

- **Controles informais:** mais implícitos, sutis, difusos e informais, são os controles exercidos pelas atividades familiares, educacionais e religiosas, no sentido de, gradativamente, incutir no ser humano, desde a mais tenra idade, as normas sociais tradicionais de uma comunidade e sociedade. Quanto mais eficazes forem os controles informais, menos será necessária a coerção dos sistemas formais de controle social. Por exemplo: quanto mais educação para o trânsito for transmitida nas escolas, para as crianças e adolescentes, menos esforço e coerção será necessário imprimir, por parte do Direito de Trânsito, nas punições administrativa e penal.

É importante destacar o conceito de **alteridade**, que é a ideia de que o indivíduo depende do outro, da sociedade para a satisfação plena de suas potencialidades. É a concepção de que o indivíduo deve se colocar no lugar do outro quando decide sobre suas individualidades. Tal conceito é extremamente importante nos tempos pós-modernos, em que a pujança do individualismo causa grandes dificuldades à convivência social.

Pode-se dizer que as sociedades atuais vêm perdendo o âmbito de comunidade, no sentido de indivíduos que se conhecem e colaboram entre si. A velocidade e a pressa cotidianas vêm minando a solidariedade e a alteridade, substituindo tais conceitos para uma ideia de sobrevivência e sucesso a todo custo.

Zigmunt Bauman, sociólogo e escritor, articula, em suas obras, que vivemos no mundo líquido, corrido, cada vez mais dinâmico e veloz, em que as relações humanas são também extremamente transitórias e tênues, sem compromissos para a vida toda. Tal configuração afeta diretamente os controles sociais.

O uso incessante dos produtos descartáveis e a ampla competitividade e velocidade social fazem do próprio homem um ser descartável. Por vezes, ele parece ser comparado a uma peça substituível, descartável, caso não leve aos resultados esperados. Tais circunstâncias, estudadas pela Criminologia, com o apoio fundamental da Sociologia e da Antropologia, conduzem a uma séria crise nos sistemas de controle social informais. Isso porque tais sistemas já não conseguem socializar de forma eficaz os indivíduos, repercutindo em um maior acionamento dos sistemas formais de controle, que também se encontram exauridos e com graves crises de legitimidade.

Percebe-se a falta de investimentos no processo de **socialização primária**. Essa fase é concebida como o momento inicial em que a criança aprende os rudimentos de linguagem, a comunicação, a moral e os limites, na família. Falhas nesse primeiro processo acarretam problemas na fase subsequente de socialização secundária, promovida pela escola, pelo grupo de amigos, pelo ambiente de trabalho, por exemplo.

Neste ponto de estudo dos diversos controles sociais, deve-se ter em mente que o Direito Penal é apenas uma das ferramentas disponíveis para tal desiderato e deve ser utilizado com muita parcimônia. Isso porque, como todo e qualquer remédio forte, ele possui graves e amplos efeitos colaterais. Em uma sociedade doente, o Direito Penal pode ser como a quimioterapia em um doente terminal de câncer, matando a doença, mas também fulminando o paciente.

Por isso se fala em uma aplicação pontual e moderada do Direito Penal. Veja o plano gradual das intervenções:

- **Intervenções metajurídicas:** políticas sociais.
- **Intervenções extrapenais:** Direito Civil, Administrativo etc.
- **Intervenções penais:** Direito Penal.

Assim, devem-se valorizar como controle social, primeiramente, as intervenções metajurídicas, concebidas no seio social, além e muito antes do Direito. Posteriormente, e já de forma restrita, se aplicariam as intervenções extrapenais, como as multas de trânsito, ambientais e fiscais. Por fim, caso nenhuma das anteriores demonstre resultados eficazes, ou até mesmo para aqueles que não se sujeitaram àquelas intervenções iniciais, é o caso de intervenções penais, mediante sanções especialmente qualificadas, como são as sanções penais (pena de prisão e medida de segurança, por exemplo).

1.7 Funções e finalidades da Criminologia

Para Antônio García-Pablos de Molina e Luiz Flávio Gomes, a função essencial da Criminologia seria:

> [...] A função básica da Criminologia consiste em informar a sociedade e os poderes públicos sobre o delito, o delinquente, a vítima e o controle social, reunindo um núcleo de conhecimentos – o mais seguro e contrastado – que permita compreender cientificamente o problema criminal, preveni-lo e intervir com eficácia e de modo positivo no homem delinquente [...].

Por deter amplos objetos de investigação e utilizar-se de várias ciências humanas, a Criminologia ultrapassa em muito a visão limitada sobre o crime e o criminoso que o Direito Penal possui, por exemplo, condicionada pela teoria pura do Direito e pela análise técnica-jurídica e normativa do fenômeno criminal. Pode-se dizer que o Direito Penal é míope em relação à Criminologia que vê muito mais distante com ajuda das demais ciências humanas e pela amplitude de seus objetos.

A Criminologia procura cumprir a finalidade de alertar, de "abrir os olhos" da sociedade de que o problema criminal deve ser conhecido, prevenido e punido, por meio de várias ciências e providências. Ela alerta ainda que não se pode deixar apenas para os Sistemas de Justiça Criminal (tradicionalmente concebidos como Polícia, Justiça e Cárcere) a função de resolver o problema, extremamente complexo.

A vocação prática da Criminologia, como ciência empírica, faz de seus profissionais aqueles que colhem, na experiência das ruas, das comunidades e das sociedades, os dados relevantes para operar a crítica das Políticas Criminais estéreis, populistas e de burocratas de "gabinete". Essas políticas reduzem a problemática, por exemplo, ao conhecido recrudescimento das penas, sem atacar as causas mais profundas da criminalidade, a falência dos sistemas de controle sociais informais e as carências da socialização primária e secundária.

Por fim, a Criminologia tem por finalidade mostrar para o Direito Penal e para a sociedade os abismos e as armadilhas, aparentemente imperceptíveis, na coesão social.

2 EVOLUÇÃO HISTÓRICA DA CRIMINOLOGIA

Neste capítulo, vamos estudar o nascimento da Criminologia e sua evolução histórica, que passa da Escola Clássica para a Escola Positivista e, desta, para as atuais Escolas Sociológicas.

2.1 Nascimento da Criminologia e a "Guerra das Escolas" (Clássicos Positivistas)

O nascimento científico da Criminologia se dá a partir da denominada "Guerra das Escolas", delineada pela disputa metodológica entre a Criminologia Clássica e a Criminologia Positivista, ambas com heranças no Iluminismo.

A história da Criminologia pode ser considerada sob vários recortes históricos. Porém, vários autores e estudiosos mencionam a publicação da obra *O homem delinquente*, do italiano Cesare Lombroso, em 1876, como o marco de nascimento da Criminologia enquanto ciência.

Isso não significa que antes do século XIX não havia Criminologia ou discussões sobre o crime, sobre suas razões e personagens.

Shecaira afirma que mesmo que a ciência criminológica tenha uma curta história, não é menos verdade que tenha um longo passado.

Para alguns criminólogos, como Pablos de Molina, que entendem a etapa pré-científica, advinda com a Escola Clássica, e a etapa científica, decorrente da Escola Positivista, como linha de divisão, o nascimento da Criminologia deu-se em 1876, quando da publicação da obra: *O homem delinquente*, de Lombroso. Para outros, porém, o nascimento da Criminologia deu-se antes em 1764, quando da publicação da obra: *Dos delitos e das penas*, de Beccaria. Essa posição é defendida normalmente pelos criminólogos da reação social, com perspectiva histórica e crítica, como Juarez Cirino dos Santos. Para outros, como Zaffaroni e Nilo Batista, as discussões sobre o nascimento da Criminologia seriam estéreis, uma vez que esta nasceu muito antes, já que sempre acompanhou o Direito Penal, pois, a partir da existência do poder punitivo (confisco da vítima), houve questão criminal e alguém exerceu o poder do discurso sobre ela.

Com efeito, a Criminologia nasceu remotamente com a reunião do homem com outros indivíduos, nos primórdios da humanidade. O homem é um ser social, que somente se viabilizou enquanto espécie a partir da união com outros, sendo gregário.

A partir da primeira comunidade que se possa imaginar, em que pese a união das pessoas propiciar maior oportunidades de sobrevivência, em face às inúmeras ameaças naturais, passou-se também a representar a disputa dos seres humanos reunidos na sociedade pré-histórica (antes mesmo do desenvolvimento da escrita) pelos recursos mínimos de sobrevivência. Isso acarretou as primeiras disputas e violações sobre os costumes iniciais

EVOLUÇÃO HISTÓRICA DA CRIMINOLOGIA

(concorrência por alimentos, divisão de tarefas, posição no grupo social e pela perpetuação da espécie).

Naquela época, os rudimentos de punição eram empregados mediante a denominada vingança privada, sendo o papel da vítima e o seu círculo íntimo decisivo sobre a punição a ser exercida, totalmente corporal, aflitiva e desproporcional. Era a "lei do mais forte", que, dependendo da força, dizimava impiedosa e irracionalmente toda uma comunidade, dificultando a própria existência do homem, que, como sabemos, necessita obrigatoriamente do plural.

A primeira ideia de proporcionalidade na punição advém da antiga Lei de Talião – "olho por olho, dente por dente". Nesse momento, teve início uma "fumaça" sobre a ideia de crime, na concepção de violação de costumes e prosaicos rudimentos de devolução proporcional do mal causado. Isso já representa uma ancestral discussão criminológica sobre a função retributiva da punição.

A Lei de Talião data de, aproximadamente, 2.000 a.C., tendo influenciado o Código de Hamurabi, rei da Babilônia, no século XXIII a.C. Este Código estabelecia uma mínima proporcionalidade na punição e lançava rudimentos de composição do dano. A Lei de Talião pode ter deixado indícios até mesmo na Bíblia, no livro do Êxodo (capítulo 21, versículo 12: "Aquele que ferir mortalmente um homem será morto"). Aparece também na Lei das XII Tábuas, na Roma Antiga. A ideia de retribuição, presente inicialmente na Lei de Talião, ainda hoje influencia diversas legislações e teorias sobre as funções da pena, notadamente nos retributivistas.

A busca pela proporcionalidade na punição, as discussões e explicações sobre o fenômeno da violação das regras de convívio social e a figura do indivíduo acompanham a humanidade, desde os tempos primitivos. Pelo que se percebe e se pode deduzir, tais discussões continuarão a acompanhar a trajetória humana. Tais questionamentos não deixam de representar as bases das preocupações criminológicas (lembre-se do conceito de Criminologia e seus objetos de estudo).

Na Idade Média, ainda vigoraram as fases da vingança, nas formas **privada**, **divina** e **pública**, tendo como ápice a Inquisição e o Estado Absoluto. Naquela época sombria da humanidade, a ideia de crime era atribuída à magia, a algo sobrenatural, ao demônio. A ciência ainda iluminava de um modo muito parco as concepções do homem, que tateava desorientado, na escuridão.

Importantíssimo documento sobre a Inquisição é o livro *Malleus Maleficarum*, ou o Martelo das Feiticeiras, escrito em 1484 pelos inquisitores Heinrich Kramer e James Sprenger. Trata-se de um repositório de análises rudimentares e radicais que atribuíam o crime à intervenção de demônios e que justificou o extermínio de milhões de mulheres, que, segundo a obra, eram mais suscetíveis às bruxarias.

A prisão, naquela época medieval, era meramente uma contenção, custódia provisória ou aprisionamento inicial em masmorras, enquanto a bruxa ou o infrator aguardavam seu sumário e tortuoso julgamento de extermínio voraz. As penas eram as mais mortificantes e corporais possíveis, como esquartejamentos, empalamentos, forcas e fogueiras, tão cruéis quanto a imaginação e o engenho humano permitissem.

CRIMINOLOGIA
para concursos

A "suavização" da pena é inovação do Iluminismo (com inspiração em parte no Direito Canônico), do qual surgiram ideias de tornar a prisão custódia, suplício e aniquilamento em prisão, pena, detenção temporal, sem a morte torturante e dilacerante. Desse modo, passou-se dos castigos corporais para o castigo da alma, por meio do simples encarceramento.

Durante o período do Iluminismo, havia forte embate entre o antigo regime dos Estados Absolutos (cujo poder era considerado divino) e uma nova concepção burguesa de **igualdade, liberdade** e **fraternidade** entre os homens, mesmo que ainda em aspectos meramente formais. As concepções criminológicas eram várias e extremamente abundantes. Entretanto, ainda faziam uso, predominantemente, de um método abstrato, jusnaturalista (concepção de direitos naturais, anteriores ao homem e à sociedade), **dedutivo** e **formal**, em que havia mais retórica e silogismos (análises lógicas mais abstratas) do que observação e pesquisa junto à realidade.

Essa criminologia fortemente marcada pelo Iluminismo é denominada também de **clássica**. Ainda se mostra pouco científica, embora já buscasse o abandono de concepções sobrenaturais ou mágicas para o crime. A essa concepção é que se deve a gradativa evolução da Criminologia hoje entendida como científica.

É daquela época de transição/revolução entre a Idade Média e o Iluminismo que aconteceram grandes contribuições no campo das prisões, na busca por uma pena justa, proporcional e com utilidade. Atuou-se, sobremaneira, na área da reação ao crime, ao invés da prevenção. Aparecem concepções como as de Cesare Beccaria (1738 - 1794), na sua clássica obra *Dos Delitos e das Penas*, de 1764, que marca o início da Escola Clássica na Criminologia e no Direito Penal. Deve-se mencionar, também, John Howard (1726-1790), considerado pai do penitenciarismo, com a obra publicada em 1777: As condições das prisões da Inglaterra e Gales. Verifica-se, ainda, a revolucionária concepção utilitarista de panóptico de Jeremy Bentham (1748 - 1832), resgatada na obra de Michel Foucault, *Vigiar e Punir* (1975), já bem mais recente e fundamental para a Criminologia e o estudo das formas de poder.

O conceito de panóptico (ou casa de inspeção), deriva das observações e cartas de Jeremy Bentham (escritas em 1787) que propunha uma "casa de penitência" (penitenciária). Nela, os presos ficariam em um edifício circular, em celas construídas uma ao lado de outras, todas com grades voltadas para o centro, no qual haveria uma grande torre de observação, idealizada de forma que o guarda no centro da torre pudesse observar todos os presos e estes não pudessem observá-lo. A concepção de Bentham, segundo o autor, não seria aplicável apenas a penitenciárias, mas a qualquer sorte de estabelecimento, ao qual pessoas de qualquer tipo necessitem ser mantidas sob inspeção. O objetivo consistia na possibilidade de que a observação incessante condicionasse o comportamento dos presos ou de qualquer pessoa. É muito similar hoje ao que acontece com a vigilância por câmeras de segurança, por exemplo. Neste aspecto, pode-se dizer que Bentham, pelo conceito de panóptico, é o ancestral da concepção de *Big Brother*.

A ideia de supervigilância também é explorada na obra *1984*, do inglês George Orwell (1903-1950), escrita em 1948, em que o autor cunhou a expressão "o Grande Irmão está te observando" (do original *"Big Brother is watching you"*).

Com efeito, naquela época, há uma gradativa passagem da análise abstrata e dedutiva para a pesquisa empírico-indutiva. Antônio García-Pablos de Molina e Luiz Flávio Gomes destacam alguns representantes deste período ou etapa "pré-científica" da Criminologia, que preparou o terreno à passagem do período Clássico para o Positivismo Criminológico. Vejamos resumidamente:

Estudos dos fisionomistas Della Porta (1535-1616) e Lavater (1741-1801), faziam análises entre características corporais e espirituais dos presos, mediante observações, visitas e necropsias de reclusos.

Lavater cunhou a expressão "homem de maldade natural", sendo um dos antecedentes de Lombroso, na concepção do "delinquente nato".

Como exemplo dos estudos e influência fisionomista, temos o chamado "Edito de Valério", cunhado por um Juiz Italiano (Marquês de Moscardi). Segundo seus preceitos, se houvesse dúvidas entre dois prováveis ou presumíveis culpados, o melhor seria condenar sempre o mais feio.

Estudos na área da **Frenologia** (precursora da Neurofisiologia/Neuropsiquiatria) ou Cranioscopia, que se dizia capaz de indicar tendências criminosas através do estudo do crânio e, posteriormente, do próprio cérebro de um dado indivíduo. Menciona-se a obra de Franz J. Gall (1758-1828) que construiu um modelo de "mapa cerebral", afirmando localizar, no cérebro humano, instintos de agressividade. Cubi Y Soler (1801-1875), autor de um manual de Frenologia, já utilizava de pesquisas de campo, considerando o criminoso como um doente. Surgiu daí a expressão "criminoso nato", anos antes de Lombroso.

Estudos na área da **Psiquiatria**, com Pinel (1745-1826), que fez estudos a partir da segregação entre doentes mentais e delinquentes.

Estudos referentes à **Antropologia,** com pesquisas em crânios de assassinos. Tais estudos foram promovidos pelos médicos Broca (1824-1880) e Wilson, médico em penitenciárias europeias que estudou empiricamente quinhentos crânios de presos, afirmando teses de Thompson (1810-1873) sobre uma natureza hereditária de tendências criminais.

É importante mencionar, aqui, a relevância e a influência da obra de Charles Darwin (1809-1882), autor da clássica *A origem das espécies* (1859). Este autor teve algumas teses aproveitadas pela Escola Positivista, nos conceitos de criminoso como espécie atávica, não evoluída e detentora de um legado individual da carga hereditária.

Estudos de **Estatística** (Escola Cartográfica ou Estatística Moral), praticados por Guerry (1802-1866) e Quetelet (1796-1874), proporcionaram medições e estatísticas sobre práticas criminosas, em determinados territórios e momentos na França. Tais estudos forneceram considerações importantes sobre o crime enquanto fenômeno social, determinado pelo meio social/econômico e não meramente decorrente da liberdade de agir do indivíduo (livre arbítrio).

Os estudos promovidos pela Escola Estatística também são indicados como momento fortemente científico da Criminologia. Entretanto, o marco mais comemorado da fase científica da Criminologia é a obra de Lombroso, de 1876.

Percebe-se, nitidamente a vocação multidisciplinar e interdisciplinar da Criminologia, que não tem qualquer tendência ao isolamento, enquanto ciência exploratória do crime, do delinquente, da vítima e das formas de controle social.

A fase propriamente científica da Criminologia é baseada na denominada Escola Positivista. Ela sobrepuja a escola clássica (denominação pejorativa pelos próprios Positivistas, como Ferri), no estudo do crime e de seus decorrentes. Naquele momento da história da Criminologia, havia a importante passagem do método abstrato (dedutivo) dos clássicos para o empírico (experimental) e indutivo dos positivistas.

Podemos sintetizar as principais características e diferenças das duas correntes fundamentais da Criminologia da seguinte maneira:

CRIMINOLOGIA CLÁSSICA	CRIMINOLOGIA POSITIVISTA
Livre arbítrio (o homem, enquanto ser livre e racional, que busca o prazer e foge da dor)	Determinismo (a liberdade do homem é uma ficção)
Beccaria, *Dos delitos e das Penas* (1764)	Lombroso, *O homem delinquente* (1835)
Método lógico/abstrato (dedutivo), metafísico e filosófico	Método experimental/empírico, causal explicativo – indutivo
Retribuição ao crime pela pena proporcional. Cunho individual e liberal	Prevenção ao crime pelo estudo de suas causas (etiologia). Defesa da sociedade
Crença na possibilidade de ressocialização do criminoso	Pena como defesa social, deixando em segundo plano as ideias ressocializadoras
Etiologia: estudo das causas do crime em todos os seus condicionantes e fenômenos desencadeadores.	

Os principais expoentes da Escola Positivista Italiana são:

▸ **Cesare Lombroso (1836-1909):** considerado pai da Criminologia Científica, por ter aplicado o método científico ao estudo do crime, em forte reação do modelo Clássico (de cunho abstrato). Representante da vertente Antropológica, fundador da Escola Positivista Biológica, publicou em 1876 a obra *O homem delinquente,* escrito mediante investigações de centenas de autópsias e milhares de análises de criminosos reclusos em prisões da Europa, em que classificou, inicialmente, os delinquentes em seis grupos:

  » Criminoso nato (atávico), com predisposição orgânica para o delito. Não poderia ser ressocializado (é a sua principal categoria).

  » Criminoso como louco moral.

  » Epilético.

  » Louco.

  » Delinquente ocasional.

  » Criminoso passional (delitos de ciúme e paixão).

EVOLUÇÃO HISTÓRICA DA CRIMINOLOGIA

As principais ideias da sua teoria eram as concepções de que o criminoso seria um selvagem, um primitivo que sofria influências atávicas (ancestrais). Ele ainda teria características fisionômicas, como: crânio assimétrico, face larga e achatada, orelhas grandes, dentes irregulares, lábios finos, grandes "maçãs" no rosto, na maioria dos casos seriam canhotos, com olhar errante, tendo ainda dedos e mamilos irregulares.

Lombroso escreveu outras obras (mais de 600), dentre elas, a versão feminina de *O homem delinquente*, denominada *A mulher delinquente* (*La donna delinquente, la prostituta e la donna normale*), em 1856.

Em que pese tenha estudado aspectos biológicos e constatado uma herança na ideia de criminalidade, não é correto afirmar que Lombroso tenha se limitado apenas a condicionar a explicação das causas do crime às condições somáticas dos indivíduos. Sua principal obra mereceu grandes acréscimos após a primeira edição, passando das cerca de 250 páginas para mais de 2.000 páginas na quinta edição.

Durante a evolução de seus estudos, passou de um conceito inicial de atavismo para estudos da epilepsia e da loucura moral.

> **Enrico Ferri (1856-1929):** discípulo de Lombroso, também recebeu influência de Carrara. Foi um grande representante da vertente **Sociológica** no Positivismo. Essa concepção praticamente inaugurou a Sociologia Criminal e fez com que Ferri fosse considerado seu fundador. Ele escreveu, em 1877, sua primeira obra, logo após concluir o curso de Direito na Universidade de Bolonha. Trata-se do estudo intitulado de *a teoria da imputabilidade e a negação do livre arbítrio*, em que criticou de forma ferrenha o livre arbítrio defendido pelos clássicos, advogando que o crime também tem importantes condicionantes sociais (causas antropológicas, físicas e culturais).

Buscou estudar de forma mais aprofundada as grandes relações entre o crime e a sociedade, do que se limitar apenas a investigações sobre o delinquente (preocupações com a etiologia do crime – causas). Sua obra mais importante é *Sociologia Criminal* (1892).

Também fez uma classificação dos delinquentes em: nato, louco, habitual, ocasional e passional. Acreditava em condicionantes antropológicas e fisionômicas para o delito, mas em menor grau que Lombroso.

> **Rafaelle Garófalo (1851-1934):** mais moderado e conservador dentre os três expoentes da Escola Positivista Italiana, famoso jurista de sua época, destacou as condicionantes psicológicas na figura dos criminosos. É considerado representante da vertente jurídica/psicológica do Positivismo Criminológico. Escreveu, em 1885, a obra *Criminologia*, em que se preocupou em desenvolver o conceito de "delito natural" (aspecto jurídico de sua obra). Introduziu o conceito de "periculosidade" (aspecto psicológico), advogando que a pena não deveria ser meramente proporcional ao mal causado, mas, sim, à periculosidade (entendida como "perversidade constante" ou temibilidade) do delinquente. Foi, ainda, responsável por cunhar a sanção da medida de segurança, utilizada até os dias atuais.

Garófalo buscou sistematizar juridicamente a Escola Positivista. Pessimista quanto às concepções de ressocialização, defendeu a Defesa Social como fundamento do direito de punir. Defendeu também a pena de morte para os criminosos natos, com aplicação dos conceitos de seleção natural para aqueles sem qualquer capacidade de adaptação social.

Atenção!

Naturalmente, houve controvérsias entre os três mais famosos expoentes anteriormente mencionados. Os principais traços em comum entre Lombroso, Ferri e Garófalo referem-se ao postulado **determinista**, em negação ao **livre arbítrio**, bem como ao emprego do método empírico com grandes tendências de classificação.

2.2 Evolução histórica pós-Guerra de Escolas

Como sucessora da Escola Positivista, temos a eclosão das denominadas Escolas Sociológicas (que nasceram das orientações positivistas), a partir do século XIX. Todavia, é importante destacar que não há necessariamente um momento específico nas viradas de página da história. Desse modo, é perfeitamente possível verificar concepções da Criminologia Clássica ainda nos dias de hoje, bem como a herança Positivista permanente. As ideias e escolas criminológicas não se sucedem necessariamente, mas se influenciam e corrigem rumos diuturnamente. Além disso, há graves controvérsias na classificação das escolas, posteriormente à guerra das escolas iniciais.

Devem-se mencionar, ainda, outras escolas com grande valor histórico, mas que, diferentemente, do choque entre Clássicos e Positivistas, não assumiram posições tão antagônicas e são tidas como **intermediárias** ou **ecléticas**. A seguir veremos mais recorrentes em provas e concursos.

2.2.1 *Terza Scuola Italiana*

A *Terza Scuola Italiana* representa o Positivismo crítico e busca conciliar alguns postulados das escolas Clássicas e Positivistas. Foi a primeira das correntes ecléticas e teria sido inaugurada por Manuel Carnevale, com a publicação, em 1891, do artigo *Uma Terza Scuola di Diritto Penale in Italia*. Outros expoentes foram Bernandino Alimena e João Impallomeni.

Principais postulados:

- Acredita no determinismo psicológico e não no simples livre arbítrio como fundamento da responsabilidade moral, distinguindo os imputáveis dos inimputáveis.
- Vê o crime como fenômeno social, individual e condicionado.
- A pena tem finalidade de defesa social (prevenção), mesmo sem perder a noção de retribuição, de caráter aflitivo e de natureza diversa da medida de segurança (para os inimputáveis).

2.2.2 Escola de Política Criminal (Escola Moderna Alemã)

O principal representante da Escola de Política Criminal foi o alemão Franz Von Liszt (1851-1919). Ele escreveu, em 1882, o *Programa de Marburgo – A ideia de fim no Direito Penal*, em que sistematizou o Direito Penal e admitiu sua fusão e interdependência com outras disciplinas, com a Criminologia e a Política Criminal.

Para Liszt, a pena justa seria aquela necessária. Cunhou a expressão "Penologia" como estudo das causas e efeitos da pena. Inicialmente, não acreditava no livre arbítrio; priorizava a pena como prevenção, deixando na periferia a concepção meramente retributivista.

Os principais traços da Moderna Escola Alemã são:

▶ Método lógico-abstrato (para o Direito) e indutivo-experimental (para a Criminologia e demais ciências criminais).

▶ Distinção entre inimputabilidade e imputabilidade.

▶ Crime como fenômeno social e como fato jurídico relevante.

▶ Substituição da ideia retributivista dos clássicos, como função da pena, para uma concepção prevencionista (prevenção especial).

▶ Busca de alternativas à pena de prisão de curta duração.

2.2.3 Escola Técnico-Jurídica

A Escola Técnico-Jurídica surgiu como forma de reação à confusão metodológica criada a partir do Positivismo, que pretendia utilizar, no Direito Penal, o mesmo método empregado na Criminologia (método empírico).

Seu principal representante foi o jurista Arturo Rocco, que propôs, em 1905, na Universidade de Sassari, na Itália, a restauração do método dogmático para a ciência do Direito. Para Rocco, essa ciência deveria dedicar-se ao crime como fenômeno jurídico, sem negar a importância e a maior amplitude de foco dado para a ideia de crime nas ciências causais-explicativas, como a Criminologia, a Sociologia e outras.

Reafirma o Direito como ciência normativa, com método de estudo técnico-jurídico ou lógico-abstrato.

2.2.4 Escola Correcionalista

A Escola Correcionalista surgiu na Alemanha, por meio da obra de Karl Roder, como herança do idealismo romântico alemão (vertente filosófica).

Aprimorou-se e encontrou seus maiores seguidores na Espanha, na Escola Correcionalista Espanhola, de viés eclético, dentre eles estão Giner de Los Ríos, Alfredo Calderón e Pedro Dorado Montero.

Advogavam como fim único da pena a correção ou emenda do criminoso (daí o nome correcionalista).

2.2.5 Escola da Defesa Social

A primeira aparição de uma teoria de defesa social surgiu no final do século XIX, com o Positivismo. Entretanto, sua ideia inicial possui antecedentes mais remotos na Filosofia Grega e no Direito Canônico.

Tem como principais princípios:

▸ Valorização das ciências humanas, como a Criminologia e o Direito, que deveriam se unir, contribuindo multidisciplinarmente, no estudo e combate do crime.

▸ Prega a proteção do ser humano e a garantia dos direitos do cidadão, com reação social ao delito, criando uma doutrina de proteção social contra o crime, com críticas ao sistema existente, notadamente à visão clássica.

Seus principais expoentes foram Filippo Gramática, que fundou, na Itália, em 1945, o Centro Internacional de Estudos de Defesa Social, com objetivo de renovar o combate ao crime. Defendia que o Direito Penal deveria ser substituído pelo Direito de Defesa Social, com objetivos mais abrangentes, de forma a adaptar o indivíduo à ordem social.

Adolphe Prins sistematizou a doutrina, e Marc Ancel publicou, em 1954, a *Nova Defesa Social*, em que procura aproveitar as ideias das escolas anteriores. Todavia, conserva-se sempre a perspectiva humanista, que busca organizar racionalmente políticas de reação ao crime, como forma de defesa da ordem social.

3 ESCOLAS E TEORIAS CRIMINOLÓGICAS

As principais Escolas (modelos) e teorias da Criminologia são:

- **Criminologia Clássica e Neoclássica:** parte do dogma do livre arbítrio, não admitindo que o ser humano estivesse ou pudesse ser determinado por causas ou fatores.
- **Criminologia Positivista:** parte do paradigma etiológico (explicações causas para o delito). Atribui ao crime causas e fatores biológicos/antropológicos, psicológicos e sociológicos.
- **Sociologia Criminal:** evolução dos critérios meramente etiológicos dos positivistas, notadamente da sociologia positivista. Aplicam teorias da criminalização como a da reação social ou do etiquetamento (*labelling approach*).
- **Moderna Criminologia:** diversas vertentes modernas buscam explicar o crime em um enfoque dinâmico, mostrando que os padrões de conduta e a própria "gênese" do crime evoluem constantemente. Já não buscam uma análise etiológica e sequer constroem teorias generalizadas para a criminalidade.

Com a evolução científica desencadeada a partir da transição do modelo dedutivo-abstrato da Escola Clássica para o método empírico-indutivo dos positivistas, processo denominado como "lutas de escolas", tem-se como resultado predominante três paradigmas principais para o estudo criminológico: a vertente biológica/antropológica funda seus estudos sobretudo no homem delinquente; as concepções psicológicas priorizam o estudo da mente humana e de seus processos psíquicos e doenças relacionadas ao crime; já as orientações sociológicas canalizam seus estudos visualizando o crime como fenômeno social.

A seguir, conheceremos as Escolas Clássica e Positivista da Criminologia.

3.1 Clássica

Vários estudiosos, das mais diversas matizes e formações intelectuais, podem ser alocados nesse modelo, que pode ter seus principais pensamentos resumidos a seguir.

Não obstante a "luta das escolas" (clássicos positivistas), desencadeada no século XIX, dentro de uma concepção de disputa entre tese, antítese e síntese (dialética), a Escola Clássica, fundada no livre arbítrio, evoluiu mediante modelo da "teoria da opção racional". Segundo essa teoria, o ser humano, ainda que influenciável por processos causais (admissão da influência determinista do meio), tem autonomia para decidir e se guiar pelo utilitarismo das suas ações, buscando o prazer e fugindo da dor, por exemplo.

Tais modelos, que foram renovados da Escola Clássica, denominados neoclássicos, fazem uma análise econômica do delito. Eles preceituam uma opção racional do delinquente, o qual atua criminalmente através de uma decisão econômica, de ganhos e perdas, de custo-benefício. O criminoso não deixa de sofrer condicionantes do meio em que está inserido – é situacionista, portanto, – mas decide também, a partir de tais influências e determinações.

Assim, a pessoa cometeria crimes quando os critérios de benefícios (os ganhos) fossem maiores que os custos de eventual castigo. Este é tido como custo eventual da atividade delitiva, uma vez que o criminoso também conta com a possibilidade de não ser apanhado. Assim, quanto maior for a severidade, a velocidade e a certeza da punição, maior será a influência dissuasória na conduta do chamado delinquente potencial ou "cidadão indeciso"

3.2 Escola Neoclássica

No modelo neoclássico, há as chamadas **teorias das atividades rotineiras** ou **teoria da oportunidade**. Elas propõem que não seria apenas suficiente um criminoso motivado. Seria necessária, também, uma oportunidade que propiciasse ou facilitasse a prática do delito, com menos custos e riscos. Segundo tais teorias, as incessantes e dinâmicas atividades humanas e a mudança de velocidade no estilo de vida, a partir do pós-guerra, aumentaram assustadoramente as oportunidades para o cometimento de delitos. Isso porque há mais deslocamentos urbanos e casas vazias, uma vez que seus moradores vão ao trabalho ou à escola todos os dias.

Eles também compartilham da ideia de crime como opção racional as "teorias do meio ou entorno". Em resumo, elas propõem a influência do espaço físico (da ecologia) no cometimento de crimes, provocando no ser humano, mediante vantagens e facilidades de alguns espaços físicos, um incentivo na decisão de delinquir. São casos em que a concepção urbana e arquitetônica facilita a prática criminosa. Essas teorias defendem o aprimoramento e até mesmo **o resgate do sentimento de vizinhança e de comunidade ou pertencimento** como favoráveis ao incremento da segurança. Propõem medidas elementares como iluminação pública mais eficiente e compartilhamento de informações entre vizinhos e autoridades.

Repare que a exemplo da concepção clássica, os neoclássicos também dão ênfase ao critério de livre arbítrio (liberdade) para a prática delituosa. Entretanto, aceitam motivações decorrentes de uma decisão economicista (perdas e ganhos) e situacional (derivada do meio ambiente).

3.3 Escola Positivista

Na Criminologia Positivista existem diferentes modelos, que serão apresentados a seguir.

3.3.1 Modelos biológicos

Os modelos biológicos caracterizam-se por elevado nível de empirismo, mas padecem de potencial de abstração, mais verificável nas tendências sociológicas e psicológicas.

▸ **Antropometria:** busca fazer relações entre determinados aspectos e medidas corporais com a delinquência.

ESCOLAS E TEORIAS CRIMINOLÓGICAS

- **Antropologia:** ainda com herança lombrosiana, propõem a inferioridade do delinquente, de base hereditária, negando, entretanto, um tipo físico de criminoso (Göring). Ou, neste caso, com uma teoria mais próxima de Lombroso, Hooton afirma ter identificado estigmas (marcas) em populações de criminosos a e possibilidade de haver características específicas, nos mais diversos grupos de criminosos, dependendo do crime. Di Tulio aponta a necessidade de uma nova fase na doutrina lombrosiana, destacando a necessidade de estudos e exames específicos em cada delinquente, tanto clínicos com psicofisiológicos.
- **Biotipologia ou bioantropologia:** traça relações deterministas entre as características físicas de um dado indivíduo e seus decorrentes aspectos psicológicos.
- **Sheldon,** por meio de estudos embriológicos da blastoderme, distingue três formações decorrentes das características somáticas, classificando pessoas do tipo endomorfo, mesomorfo ou ectomorfo.
- **Endomorfo:** são aqueles com formas mais arredondadas, com tendência à obesidade, de membros curtos.
- **Mesomorfo:** são os de bom desenvolvimento corporal, altos, eretos, fortes e resistentes.
- **Ectomorfos:** são aqueles de formação mais frágil, com corpos magros, pouco musculosos e de ombros caídos.

Depois, em diversas pesquisas de campo, com diversos grupos de pessoas, inclusive de criminosos, teve a conclusão, confirmada por outros pesquisadores, de que haveria um predomínio do tipo mesomorfo (fortes) em criminosos, seguido de alguns com características ectomorfas (fracos e magros).

Atenção!

Outras denominações:
Tipo endomorfo = viscerotônico
Tipo mesomorfo = somatotônico
Tipo ectomorfo = cerebrotônico

Kretschmer, em sua teoria dos tipos, de 1921, aponta quatro tipologias:
- **Leptossômicos:** alta estatura, grande tórax, pequena cabeça (inclinação aos crimes não violentos contra o patrimônio).
- **Atléticos:** musculosos, estatura média, forte composição óssea (propensão a crimes violentos).
- **Pícnicos:** (lembre-se de "pequenos") de tórax pequeno, formas arredondadas e femininas, grande cabeça, pés e mãos curtos (pouca tendência ao crime).
- **Displásicos:** corpo desproporcional (delitos sexuais).

- **Neurofisiologia:** estudos viabilizados a partir da descoberta do eletroencefalograma (EEG) que permitiu o estudo gráfico sobre a atividade nervosa no cérebro humano. Seria uma evolução da frenologia. Permitiu comprovar algumas atividades criminosas, como a prática de crimes violentos, com disfunções cerebrais observáveis nos exames encefalográficos, em comparação com pessoas "normais".

A partir das investigações promovidas, foi possível sistematizar as principais disfunções como:

- **Disfunção cerebral mínima:** problemas na estrutura cerebral, geralmente ligados à antissociabilidade, à percepção visual, à hiperatividade e à agressividade, com reações explosivas.

- **Anomalias eletroencefalográficas:** ligam anomalias observáveis no EEG e comportamentos propensos a crimes violentos.

- **Outras disfunções:** afirma a hipótese de que patologias ou doenças que atingem o sistema nervoso central, como epilepsias, demências senis e arteriosclerose cerebral, dentre outras, poderiam explicar a gêneses de crimes violentos.

- **Sistema nervoso autônomo:** estudos modernos (Eysenck) que relacionam sociopatias com problemas no sistema nervoso autônomo ou vegetativo. Tal sistema determina reações involuntárias. Assim, psicopatas teriam menor sensibilidade emocional e fisiológica e dificuldades de aprender com o castigo.

- **Endocrinologia:** aponta como uma possível causa (etiologia) do crime em problemas hormonais, estudando e demonstrando relações entre atividade hormonal e personalidade. Nos crimes sexuais, mediante violência, há estudos que ligam o fenômeno a níveis de testosterona indicando a "castração química" dos delinquentes sexuais, como forma de defesa contra tais delitos.

- **Bioquímica e sociobiologia:** inter-relaciona fatores biológicos, ambientais e o processo de aprendizagem no fenômeno da interação social, dando ao homem conotação complexa e biossocial.

Linus Pauling, ganhador do Prêmio Nobel de Química, foi representante da Psiquiatria Ortomolecular e entende a bioquímica como fator etiológico (causa) da criminalidade. Afirmou que o ser humano é um ser bioquímico e que problemas no equilíbrio bioquímico podem determinar crimes. Por exemplo, há estudos que associam a hipoglicemia com comportamentos agressivos, e carências de algumas vitaminas com hiperatividades.

É importante também, no modelo sociobiológico, mencionar a contribuição dos estudos de Jeffery, com sua teoria biossocial. Em seus estudos, ele critica a suposta efetividade do castigo, afirmando que mais prisões, juízes e policiais só trazem mais presos e prisões e, não necessariamente, menos delitos. Afirma que a prevenção à criminalidade juvenil implica para além de proporcionar atividades legítimas, bloquear a oportunidades ilegítimas, a partir da neutralização de exemplos negativos e da criação de condições sociais adequadas, com ênfase no adequado desenho urbano. Tem enfoque comportamentalista (conduccista).

O Modelo Biossocial de Jeffery possui três principais características: é prevencionista, dá relevância ao meio ambiente e à organização do espaço físico, com enfoque no comportamento singular (Behaviorismo).

ESCOLAS E TEORIAS CRIMINOLÓGICAS

▸ **Genética criminal:** procura oferecer uma explicação (etiologia) para as causas do crime em determinismos genéticos, traçando genealogias de famílias delinquentes. Desenvolvem estudos sobre filhos gêmeos, estudam também as adoções, de modo a realizar correspondências entre irmãos adotados e não adotados, com resultados empíricos de que filhos biológicos de criminosos delinquem mais que filhos adotados deles.

Há estudos, ainda, sobre malformações cromossônicas, mediante exames genéticos em presos e doentes mentais, de forma a demonstrar que variações específicas poderiam determinar causas criminais.

3.3.2 Modelos psicológicos/psiquiátricos e psicanalíticos

Veremos os principais modelos que relacionaram as causas do crime (etiologia), com processos psíquicos anormais ou patológicos. Neste sentido, é importante relacionar enfoques um pouco diversos da Psiquiatria, Psicologia e Psicanálise.

A **Psiquiatria**, como ramo da Medicina que estuda as doenças mentais, parte de um estudo clínico, muitas vezes medicamentoso, ocupando-se do homem psiquicamente doente.

A **Psicologia**, enquanto ciência da alma humana, foca seu estudo de forma mais aprofundada na conduta e no comportamento do homem delinquente.

A **Psicanálise**, utilizando-se do método terapêutico, tenta explicar o crime como resultante de conflitos psíquicos, derivados da falta de equilíbrio da personalidade.

Vejamos a classificação (nosologia) das principais enfermidades psiquiátricas, com relevância para o estudo da Criminologia:

▸ **Oligofrenias ou "retardos mentais":** sinônimos de retardo mental ou desenvolvimento mental deficitário, são graduados da seguinte forma:

▸ **Retardo mental leve:** atinge pessoas com quociente inteleetual (QI) na faixa de 50-70 pontos. Classificados como débeis mentais (incapacidade de lutar pela vida em igualdade com os demais).

▸ **Retardo mental moderado:** pessoas com QI 35-55.

▸ **Retardo mental grave:** QI entre 20-40. Classificado como imbecil (incapaz de prover sua subsistência).

▸ **Retardo mental profundo:** QI inferior a 20 pontos – Classificado como Idiota (incapaz de cuidar-se).

Há também a classificação proposta por João Farias Junior:

ESTADO MENTAL	QI	EVOLUÇÃO MENTAL	EVOLUÇÃO SOCIAL
Hipofrenia	Abaixo de 90	Abaixo de 12 anos	–
Idiota	Abaixo de 20	Abaixo de 3 anos	Incapaz de cuidar-se
Imbecil	Entre 20 e 50	Entre 3 e 7 anos	Incapaz de prover a si mesmo

Débil mental	Entre 50 e 90	Entre 7 e 12 anos	Incapaz de lutar em igualdade de condições com os demais
Normal	Entre 90 e 120	Entre 12 e 18 anos	Capacidade normal
Hiperfrenia	Acima de 120	Acima de 18 anos	Excepcional capacidade de assimilação
Super	Entre 120 e 140	Entre 17 e 22 anos	Impaciência e irritabilidade
Genial	Acima de 140	Acima de 22 anos	Rapidez de assimilação que o torna desajustado ou inadaptado

Segundo Pablos de Molina, é nos retardos leves moderados que são identificados os maiores índices de cometimento de crimes entre os oligofrênicos. Eles normalmente agem mais instintivamente e de forma irreflexiva, envolvendo-se mais frequentemente com roubos malsucedidos. Mas também podem aparecer ligados a crimes sexuais, por serem frequentemente vítimas de zombarias por terceiros.

▸ **Demências:** os crimes relacionados à demência têm explicação na deterioração cerebral operada com a idade. Eles podem levar, juntamente com causas emocionais e sociais, a um aumento na agressividade. Por vezes, isso está aliado a uma natural inibição, por parte dos anciãos, o que dá origem, normalmente, a crimes sexuais.

▸ **Consumo de álcool e drogas:** liga o uso e abuso de álcool e drogas como causas da criminalidade. Com efeito, é de conhecimento comum, hoje, que o uso deliberado e incondicional de tais substâncias tem notável efeito criminógeno nas sociedades, pois atingem os freios morais.

Convém mencionar a distinção entre a intoxicação aguda e crônica de álcool. Aguda é a intoxicação mais ocasional, em que o agente exagera eventualmente no uso do álcool. Com uso intenso, pode haver o cometimento de crimes relacionados à perda do controle psicomotor (crimes de trânsito, decorrentes da condução de veículos automotores, por exemplo).

Já a intoxicação crônica por álcool é aquela típica do bebedor contumaz, que diariamente faz uso do álcool, acabando por provocar alheamento das demais atividades sociais e familiares. Normalmente, isso repercute em crimes violentos contra a própria família, nos momentos de alucinação decorrentes do uso constante do álcool. Um exemplo a ser citado refere-se aos crimes passionais, em que o agente acredita erroneamente ser vítima de traição conjugal por parte da parceira/parceiro (delírio celotípico – paranoia alcoólica).

▸ **Esquizofrenia:** a esquizofrenia dificulta ou inviabiliza que o agente possa valorar adequadamente a realidade circundante. Dificulta também a observância e a obediência às normas sociais e legais de conduta. Normalmente, o esquizofrênico não comete substancialmente crimes, mas quando delinque, comete verdadeiras atrocidades, em face à sua incapacidade de valoração social, agindo só, sem quaisquer cúmplices, daí ser denominado "lobo solitário".

> ▶ **Transtornos delirantes (paranoias):** são mais raros que a esquizofrenia. Os paranoicos distinguem-se dos esquizofrênicos, frios e calculistas, por terem noções e práticas afetivas.

Os paranoicos são de difícil diagnóstico, pois não se sentem doentes e cumprem suas atividades cotidianas. É normalmente aquele bom, mas distante trabalhador; o familiar zeloso, mas tantas vezes rígido e autoritário.

De forma premeditada e reflexiva, cometem normalmente crimes contra a honra, desacatos e resistências às autoridades, bem como acusações e falsas denúncias. Podem ser violentos, praticando crimes contra a vida.

> ▶ **Transtornos bipolares:** são marcados por fases, em que se alteram a fase depressiva e a fase maníaca, alterando tristeza, silêncio e reflexões lentas com euforias, estresse e intensa sociabilidade (fase maníaca).

Os riscos mais evidentes na fase depressiva são as práticas suicidas e homicidas, com destaque para o chamado suicídio ampliado, em que o agente fulmina seus parentes próximos e, ao fim, suicida-se.

Já para a fase maníaca, tanto nos estágios hipomaníacos como premaníacos, ocorrem muito mais delitos que na fase puramente depressiva. Isso porque o aumento de atividade no autor é fator desencadeante de uma maior criminogênese, com registros de crimes de ímpeto, não planejados ou premeditados, como homicídios e lesões.

> ▶ **Ansiedade (neuroses):** neuroses são transtornos e não doenças mentais propriamente ditas. Etiologicamente, como causa de crimes, são pouco ocorrentes. Quando se manifestam, são como reações desproporcionais a uma agressão, como em atos impensados e compulsivos. Manifestam-se também em angústias, fobias e falta de atenção e concentração.

> ▶ **Psicopatias:** caracterizam-se por um elevado grau de insensibilidade frente aos sentimentos das demais pessoas, com ações de desrespeito e violações de direitos alheios, sem qualquer remorso ou culpa. Normalmente, implicam indiferença afetiva crônica, carências de valores, mas ausência de delírios e incapacidade de aprender a controlar impulsos e controlar-se frente à experiência punitiva.

> ▶ **Transtornos sexuais:** os mais importantes para o estudo da Criminologia são as parafilias, ou perversões sexuais, que são classificadas em:

> ▶ **Pedofilia:** desejo de manter relações sexuais com crianças e adolescentes, tanto de cunho homossexual como heterossexual. Envolvem tanto abusos sexuais diretos como pornografia infantil.

> ▶ **Sadismo/masoquismo:** são transtornos sexuais envolvendo a chamada "erotização da dor". No sadismo, a pessoa encontra prazer impondo sofrimento; no masoquismo, o indivíduo só tem prazer sexual quando submetido a castigos físicos.

> ▶ **Exibicionismos:** consiste na perversão sexual daqueles que têm prazer tanto maior quanto maior for o escândalo ou o risco de ser apanhado em uma prática sexual.

- **Voyeurismo (escopofilia ou mixoscopia):** aquele que obtém prazer mediante observação furtiva de pessoas em atividade sexual.

- **Fetichismo:** pessoas que obtêm satisfação sexual mediante atividade sexual com objetos.

- **Necrofilia:** atinge aqueles que têm atração sexual por mortos e/ou se satisfazem sexualmente mediante práticas sexuais com cadáveres.

- **Satiríase:** exaltação e impulsividade sexual sem freios, verificada em indivíduos do sexo masculino.

- **Ninfomania:** exaltação e impulsividade sexual sem freios, verificada em indivíduos do sexo feminino.

4 VITIMOLOGIA

4.1 Desenvolvimento histórico da vítima

Outro elemento importantíssimo para a Criminologia é a vítima e a vitimologia, um dos objetos de estudo da Criminologia moderna.

A vítima passou do total protagonismo, durante a época da vingança privada, no início das sociedades antigas, a um gradativo e total esquecimento, a partir da Idade Média. Quando protagonista, era o próprio ofendido ou os seus familiares que exerciam a punição, normalmente sem qualquer critério de razoabilidade e de proporcionalidade.

Conforme Shecaira, a vítima, nos dois últimos séculos, foi quase totalmente menosprezada pelo Direito Penal. Somente com os estudos criminológicos é que seu papel no processo penal foi resgatado. Tem-se convencionado dividir os tempos em três grandes momentos, no que concerne ao protagonismo das vítimas nos estudos penais: a idade de ouro da vítima; a neutralização do poder da vítima; e a revalorização do papel da vítima. Mesmo que tais períodos encontrem certo questionamento, essa classificação é aceita pela maioria dos autores.

Shecaira prossegue afirmando que a idade de ouro da vítima é aquele longo período que vai do início da civilização até o fim da Alta Idade Média (historiadores classificam a Idade Média em Alta – que vai da queda do Império Romano, até por volta do século XII, quando se inicia a Baixa Idade Média). Com a adoção da Inquisição, a vítima perde seu protagonismo.

Posteriormente, a fase de **neutralização da vítima** vem com o monopólio da reação penal, por parte do Estado. A vítima perde praticamente qualquer poder de reação ao fato criminoso. E sua reação é basicamente limitada apenas à legítima defesa, que é um instituto cada vez mais excepcional e regrado.

Já o período de revalorização, se iniciou inicia a partir da Escola Clássica da Criminologia, ou do Iluminismo.

Pode-se dizer, entretanto, que na chamada Escola Clássica, a Criminologia tinha como principal objeto de estudo a figura do crime. Posteriormente, com o advento da Escola Positivista, o principal enfoque passou para a pessoa do criminoso. Os primeiros estudos, com ênfase na figura da vítima, são decorrentes de estudos promovidos por Hans Gross, Von Henting e Mendelsohn, no século XX.

4.2 Classificação das vítimas

Benjamim Mendelsohn, advogado e professor da Universidade Hebraica em Jerusalém, proferiu, em 1947, uma conferência em que lança o desafio do estudo da vítima, na Criminologia: "Um horizonte novo na ciência biopsicossocial: a Vitimologia".

É importante recordar o específico e fulminante martírio sofrido pelo povo judeu nos campos de concentração alemães, durante a Segunda Guerra Mundial.

Mendelsohn propôs a seguinte classificação das vítimas:

- **Vítimas ideais:** aquelas que são completamente inocentes em relação à vitimização que sofreram (vítima inocente).

- **Vítimas menos culpadas:** aquelas com atuação mínima em relação à vitimização que sofreram por parte do criminoso (vítima provocadora).

- **Vítimas tão culpadas quanto os criminosos:** são aquelas que têm atuação correspondente ao do próprio criminoso, como nos casos de aborto consentido e eutanásia (vítima provocadora).

- **Vítimas mais culpadas que os criminosos:** trata-se daquelas que provocam e dão causa ativa ao delito (vítima provocadora).

- **Vítimas como únicas culpadas:** aquelas que são vitimizadas a partir de uma agressão que elas mesmas iniciam, como nos casos de vítimas originalmente agressoras, que são repelidas mediante legítima defesa, por exemplo (vítima agressora, simulada ou imaginária).

Tal classificação é útil, pois coloca a vítima numa posição mais dinâmica, demonstrando que ela não é apenas um mero objeto ou sujeito inerte, sobre o qual recai a prática delituosa. Entretanto, ela pode ser um agente capaz de influenciar decisivamente, em alguns casos, na prática criminosa. Tais estudos dão origem à ideia de Vitimologia, que consiste na análise sobre as atividades e comportamentos da vítima que, de alguma forma, podem favorecer o cometimento de delitos.

Assim, o estudo da vítima, aliado aos demais objetos de análise da Criminologia, vai possibilitar uma melhor compreensão do fenômeno multicausal do delito. Da mesma forma, permitirá estudos sobre a necessidade de amparo social, jurídico e moral para as vítimas e desviar um pouco o foco para a punição e para a ressocialização do criminoso, somente.

Quando se estuda a **interação vítima – criminoso**, fala-se em estudo do "par criminal" (autor e vítima).

Tais estudos precisarão das atitudes pessoais, que podem contribuir para a vitimização, denominados riscos de vitimização, ou fatores de vulnerabilidade. Vejamos:

- **Fatores biológicos:** são situações como idade, sexo e nível de desenvolvimento mental, que podem contribuir para o incremento de riscos de vitimização. Por exemplo: pesquisas em determinadas localidades e grandes centros podem demonstrar que mulheres desacompanhadas, que retornam de faculdades, à noite, estão mais vulneráveis ou são mais propensas à vitimização do que homens.

Da mesma forma, estariam mais vulneráveis pessoas de idade avançada em relação às de idade adulta, para figurarem como vítimas de crimes de trânsito, por terem fatores biológicos (como idade e decréscimo de atenção/reação) desfavoráveis.

- **Fatores biográficos:** estresse prévio, conhecimentos de técnicas de defesa pessoal, existência de traumas por vitimização anterior, problemas psiquiátricos são seguramente fatores que podem contribuir ou minimizar riscos de vitimização.

VITIMOLOGIA

> **Fatores de personalidade:** nível de inteligência, ansiedade, instabilidade emocional, impulsividade, nível de agressividade, truculência e outros agregados na formação da personalidade também podem ter papel relevante no incremento ou não dos riscos de vitimização.

Tais fatores podem indicar pessoas como vítimas latentes ou potenciais, ou com "potencial de receptividade criminal" e orientar políticas criminais, no sentido de minimizar os riscos de vitimização.

De outro lado, assim como há criminosos contumazes, há o que se convencionou chamar de vítimas "voluntárias". Elas, na classificação de Mendelsohn, acabam por provocar a eclosão do evento criminoso. Um exemplo é o caso de pessoas com péssimo controle emocional, possuidoras de altos indicadores de agressividade, que normalmente estão envolvidas em episódios de vitimização voluntária, a partir de brigas e disputas providenciadas junto ao meio social, até em razão de um processo psicológico de afirmação perante o grupo.

Repare que o comportamento da vítima é um dos critérios que o Juiz deverá utilizar por ocasião da fixação da pena (art. 59 do Código Penal).

Veja um exemplo de modificador da posição da vítima no momento do crime:

> **Síndrome de Estocolmo:** termo cunhado pelo psicólogo Nils Bejerot, que auxiliou a polícia durante o famoso caso criminal, envolvendo extorsão e o sequestro em Estocolmo, em 1973, em que as vítimas permaneceram por cerca de 5 dias com seus algozes e, ao final, desenvolveram afinidades em relação a eles. O que surpreendeu é que elas, inclusive, perfilaram-se à frente dos criminosos para evitar que fossem alvejados pela polícia e ainda mantiveram depoimentos favoráveis aos perpetradores das condutas criminosas. A atitude foi explicada pelo fenômeno da dependência psicológica que seria desencadeada pela vítima, durante o confinamento.

Esse movimento de retorno à vítima repercutiu em iniciativas voltadas a pesquisas sobre vitimização e delitos, demonstrando, por exemplo, que os riscos de ser vítima de homicídios em São Paulo aumentam no período noturno e atingem um ápice por volta das 22 horas, retornando a índices mínimos as 10 horas da manhã.

Percebe-se, aqui, a importância da vítima como fonte alternativa de informações sobre a criminalidade, pois existe, frequentemente, um fenômeno que pode mascarar as estatísticas oficiais sobre criminalidade e vitimização. Trata-se das circunstâncias usuais, que levam as vítimas a não comunicar que sofreram delitos, causando uma criminalidade oculta, não revelável pelas estatísticas oficiais, que são colhidas através de dados policiais e judiciais.

Esta cifra de não notificações é muito alta em delitos de dano e crimes de trânsito, por exemplo, é a chamada **Cifra Negra da Criminalidade.** Esse conceito influencia fortemente o completo diagnóstico de crimes, em uma região. Para tentar minimizar a ausência de notificação, são buscadas, então, as denominadas "pesquisas de vitimização". Nessas pesquisas, ao invés de as pessoas procurarem os órgãos públicos para informar que sofreram delitos, pesquisadores é que buscam tais informações, anonimamente, com as vítimas. Destaque-se, aqui, na era da informação, diversos sites em que as pessoas passam a informar de forma anônima, a vitimização sofrida.

4.3 Vitimização

É importante mencionar, também, a classificação usual sobre graus e fases do processo de vitimização:

> **Vitimização primária:** ocorre quando a pessoa, a vítima, é diretamente atingida pelo delito, sofrendo a prática de um delito.

> **Vitimização secundária:** situação de desconforto, estresse e constrangimento pelo qual a vítima primária passa tantas vezes, quando vai até uma Delegacia ou perante qualquer policial, para ver registrada a sua ocorrência e, posteriormente, avança junto ao Poder Judiciário.

> **Vitimização terciária:** aspecto que atinge o criminoso, que sofre torturas e outros tipos de violência no cárcere (provenientes tanto de agentes do Estado, como de outros presos) como também àqueles que são acusados injustamente e expostos à execração pública, posteriormente comprovando-se sua inocência.

4.4 Programas e políticas de estado

A Vitimologia e o papel reivindicatório, exercido por intermédio de associações de vítimas de determinados delitos, vem repercutindo paulatinamente na elaboração de programas e políticas de Estado, que garantam o mínimo de atenção e de relevância para a problemática do vitimizado. Tais programas são resumidos por Pablos de Molina da seguinte forma:

> **Programas de assistência imediata:** ofertam serviços imediatos para as vítimas (como orientações médicas e psicológicas) e repercutem na maior notificação de crimes, pois a assistência influencia na disposição das vítimas em informar as autoridades sobre as violações sofridas.

> **Programas de reparação ou restituição a cargo do infrator:** programas e políticas que incentivam a reparação do dano por parte do próprio infrator. No Brasil, constitui um importante exemplo de incentivo reparatório a Lei dos Crimes de Menor Potencial Ofensivo (Lei nº 9.099/1995), que incentiva a composição do dano e a indenização, ainda na fase preliminar. Também há diversos dispositivos legais que buscam, mesmo que timidamente, incentivar a reparação da vítima, com destaque para a mudança na legislação processual penal, em 2008. Esta mudança passou a determinar ao Juiz Criminal que estabelecesse, na sentença criminal condenatória, o valor mínimo da indenização à vítima (art. 387, inciso IV, Código de Processo Penal).

> **Programas de compensação à vítima:** fundos públicos que providenciam seguros e indenizações para vítimas de certos delitos.

No Brasil, por exemplo, existe o Seguro Obrigatório para Cobertura de Acidentes de Trânsito, que, em alguns casos, repercute em coberturas mínimas para vítimas de crimes de trânsito.

VITIMOLOGIA

- ▶ **Programas de assistência à vítima-testemunha:** procuram apoiar a vítima que participa como testemunha relevante, notadamente em processos criminais complexos, em que a cooperação da vítima ou testemunha é essencial, mas os riscos decorrentes são imensos e precisam da atuação Estatal, de forma a até mesmo viabilizar a colaboração. No Brasil, há a Lei de Proteção a Vítimas e Testemunhas, com sistema de proteção, consubstanciada, na Lei nº 9.807/1999.

Ainda com relação a algumas tipologias de vítimas, com evolução das classificações iniciais, pode-se destacar, resumidamente, a formulação proposta por Pablos de Molina:

- ▶ **Vítima nos delitos imprudentes, contra a vida ou a saúde, no trânsito:** neste caso, repousa grande insatisfação dos vulnerados por graves acidentes de trânsito, em face da baixa punibilidade decorrente de tais delitos.

- ▶ **Vítima de negligências profissionais:** nesta forma de classificação, também repousa grande insatisfação com a lentidão da justiça criminal, com grandes índices de não notificação e "cifra negra", apurados em pesquisas de vitimização.

- ▶ **Vítima de agressões sexuais:** nessa situação, é fundamental a assistência médica e social imediata, bem como políticas que incentivem as notificações de tais delitos pelas suas vítimas.

- ▶ **Vítima de violência e de maus-tratos intradomésticos:** acomete predominantemente as mulheres, com baixa taxa de notificação e elevados índices de "cifra negra". Campanhas públicas e reforços legais, aos poucos, vêm vencendo a cultura de "resignação" da vítima destes crimes. Destaca-se a Lei Maria da Penha (Lei nº 11.340/2006).

5 SISTEMA PENAL E ESTRUTURA SOCIAL

O Sistema Penal de uma sociedade é decorrente da sua estrutura social e é um dos instrumentos para manter e garantir a estrutura social desejada, em um dado momento histórico. Em sociedades capitalistas, por exemplo, observa-se maior atenção para a criminalização de condutas que venham a violar a propriedade privada; tais condutas, por sua vez, mostram-se inexistentes em Estados comunistas. Estes, porém, normalmente apresentam tendência a criminalizar a liberdade de expressão.

A principal obra de Criminologia que desenvolveu o amálgama entre as noções de sistema penal e de punição, levando em consideração as estruturas sociais, é a obra *Punição e Estrutura Social*, de Georg Rusche e Otto Kirchheimer. Nela, uma das primeiras representantes da **Escola de Frankfurt**, desenvolve-se a relação entre a atuação do sistema penal com a situação econômica de uma comunidade ou sociedade. Assim, o mercado de trabalho teria estreita relação com o momento econômico e a punição do sistema penal.

Atenção!

Escola de Frankfurt foi uma escola de pensamento criada em 1923 na Universidade de Frankfurt, na Alemanha, com o nome de Instituto de Pesquisas Sociais.

De orientação marxista, tinha como objetivo criticar a sociedade ocidental, o capitalismo, a religião e a tradição de pensamento clássico, assim como o socialismo soviético. Dessa forma, acreditavam seus representantes, poderiam repensar novas formas de transformação da sociedade por caminhos alternativos.

Foram criadores dos conceitos de teoria crítica e indústria cultural, fundamentais para a Sociologia moderna.

Teve como principais membros fundadores: Max Horkheimer, Theodor W. Adorno, Herbert Marcuse, Friedrich Pollock, Erich Fromm, Otto Kirchheimer e Leo Löwenthal. Atualmente, seu filósofo mais influente é Jürgen Habermas.

Como exemplo das relações entre estrutura social e punição, Rusche e Kirchheimer mencionam a utilização de presidiários como força de trabalho no impulsionamento das embarcações a remo nas galés do século XVI. Posteriormente, com o início da Revolução Industrial e o grande acúmulo de pessoas nas cidades, relacionam o surgimento das "casas de correção" (final do século XVII), das primeiras penitenciárias, como forma de reprimir a horda de mendigos que assolavam as cidades. Essas casas também buscavam discipliná-los para o serviço eventual nas fábricas, pois havia grande demanda por mão de obra e os trabalhadores, normalmente provenientes do campo, deveriam estar disciplinados e pouco articulados em suas reivindicações. O objetivo das primeiras casas de correção era transformar mendigos, ladrões, prostitutas e similares em força de trabalho útil para o mercantilismo, o sistema econômico da época.

Para essa escola, o sistema carcerário nasce pela necessidade econômica do mercantilismo. Entretanto, ele é elaborado e fundamentado ideologicamente pelo Iluminismo, que passa a criticar ferozmente a arbitrariedade das punições exercidas, naquela época de transição entre os Estados Absolutos e o Iluminismo. A famosa obra de Cesare Beccaria, *Dos Delitos e das Penas*, constitui a primeira síntese de tais críticas.

Podemos confirmar as hipóteses formuladas pelos autores citados anteriormente – da estreita relação entre o sistema penal e a estrutura social – quando verificamos o exemplo da história do Brasil Colônia e de grande parte do Império. Naquela época, a escravidão foi a base da mão de obra e de todo o sistema econômico. O sistema penal e punitivo teve, em geral, grande ênfase no controle e disciplinamento dos cativos.

Ainda hoje, a Lei de Contravenções Penais (LCP – Decreto-lei nº 3.688/1941), em seu art. 59, pune a conduta de "vadiagem", definida como ato de entregar-se habitualmente à ociosidade. Essa definição é válida para o trabalho, sem ter renda que lhe assegure meios bastantes de subsistência ou meios de prover a própria subsistência, mediante ocupação ilícita. A pena prevista é de prisão simples, de 15 dias a 3 meses. A aquisição superveniente de renda, assegurando ao condenado meios bastantes de subsistência, extingue a pena.

A criminalização da mendicância, também prevista na Lei de Contravenções, somente foi revogada em 2009. Já a embriaguez pública é ainda apenada no art. 62 da LCP, com pena similar à da vadiagem, prevendo-se, ainda, a internação em "casa de custódia e tratamento", caso seja habitual. Tais delitos são exemplos das teorias que ligam o sistema penal com a estrutura social, sempre na necessidade de criação de seres úteis para o mercado de trabalho, com maior ou menor repressão, a depender de momentos de crise ou de pujança do mercado de trabalho.

5.1 Correntes do Direito na Criminologia

É de suma importância conhecer as duas diferentes percepções acerca dos direitos na Criminologia. Ambas foram amplamente utilizadas no decorrer da história e continuam basilares para a compreensão essencial da sociedade.

5.1.1 Jusnaturalismo (direito natural)

Teoria que destaca e afirma a existência de direitos cujo conteúdo decorre da própria natureza, sendo, portanto, universais.

A concepção jusnaturalista dos Direitos Humanos entende tais direitos como inatos e naturais ao ser humano e anteriores a qualquer lei ou direito positivado. Tal concepção é recorrente nas declarações de direitos, como a Declaração dos Direitos do Homem e do Cidadão, da Revolução Francesa.

5.1.2 Juspositivismo (positivismo jurídico)

Essa teoria que defende que direito é somente aquilo que é determinado e exposto pelo Estado. O direito é produto da determinação e das decisões humanas, e não de algo natural, divino ou ancestral, como defende a teoria jusnaturalista.

A concepção juspositivista de Direitos Humanos relaciona e entende os direitos humanos a partir daquilo que está expressamente colocado em lei, ou seja, das normas positivadas em leis. Assim, esses direitos são aqueles expressamente relacionados nas normas, como as constantes da Constituição Federal de 1988 (CF/1988), por exemplo, notadamente no art. 5º.

5.2 Políticas de Segurança Pública

A segurança pública passou a ter status constitucional relevante com a promulgação da CF/1988. Erigiu-se, para isso, um capítulo exclusivo, qual seja o Título III do Capítulo V, que versa sobre a defesa do Estado e das instituições democráticas.

Anteriormente (e, em alguns aspectos, ainda hoje), a instituição policial esteve ou está fortemente vinculada às classes dominantes, servindo de proteção para o *status quo*, sem normalmente virar-se contra os poderes constituídos.

Conforme Marcos David Salem, "[...] considerando-se a gênese da polícia brasileira, não causa espanto, mesmo nos tempos atuais, que certos indivíduos situados em camadas mais altas do corpo social ainda considerem um acinte a sua mera participação em qualquer evento de natureza policial. Isto porque a polícia, no imaginário das classes dominantes brasileiras, não foi criada para os componentes delas, e sim por eles, para manter em ordem a mão-de-obra que participa do processo produtivo [...]."

Nesse novo contexto constitucional, democrático, inaugurado juridicamente a partir da CF/1988, a atuação do Estado, em qualquer das suas manifestações, teve que se ordenar pelo respeito aos fundamentos da República, principalmente no que tange à cidadania e à dignidade da pessoa humana. Não foi diferente para as políticas de segurança pública e a atuação dos órgãos policiais, que ainda se adaptam aos novos tempos constitucionais. Isso não se refere, necessariamente, à observância às normas Constitucionais e legais, cujo cumprimento é relativamente simples, mas notadamente à abertura necessária para garantir a participação popular na sua atuação.

É necessário relembrar que, conforme o art. 144 da CF/1988, segurança pública é um dever do Estado, mas também é um direito e uma responsabilidade de todos. Repare, portanto, que a segurança não é mera atribuição das polícias, mas de todos, indistintamente - tanto do governo, quanto de cidadãos, sociedade civil organizada e empresas.

Também dispõe a Constituição que a segurança pública é exercida para a preservação da ordem pública e da incolumidade das pessoas e do patrimônio, por meio de órgãos específicos, quais sejam:

Art. 144, CF/1988

I – Polícia Federal;

II – Polícia Rodoviária Federal;

Nesse momento, é importante fazer a distinção entre os seguintes conceitos:

▸ **Polícia Administrativa (ou de Segurança):** com maior caráter preventivo, atuando na manutenção da ordem pública e na prevenção de delitos, mediante o policiamento ostensivo. Atua com grande discricionariedade, independentemente de ordem judicial. Um exemplo, no Brasil, é a atuação da Polícia Militar (PM). Nas rodovias federais, a atividade é exercida pela Polícia Rodoviária Federal (PRF), que exerce o patrulhamento ostensivo das rodovias federais.

- **Polícia Judiciária:** tem caráter repressivo, atua primordialmente após a prática dos crimes, por meio do procedimento administrativo, destinado a apurar a autoria e a materialidade das infrações penais. Possui destaque, ainda, o Inquérito Policial (IP) ou o Termo Circunstanciado, destinado às infrações penais de menor potencial ofensivo (contravenções penais e crimes, cuja pena máxima seja igual ou inferior a 2 anos).

O Superior Tribunal de Justiça (STJ) diferencia ainda (REsp. 332.172/ES):

- **Polícia Judiciária:** aquela que funciona como auxiliar do Poder Judiciário, no cumprimento das suas ordens (por exemplo, prisão).

- **Polícia Investigativa:** atua na investigação dos crimes (Polícia Civil, tanto as estaduais como federal).

- **Poder de polícia:** por mais curioso que possa parecer, o conceito *lato* de poder de polícia consta do Código Tributário Nacional (CTN), pois não é exclusivo dos órgãos policiais, mas engloba toda a atividade de ordenação e de fiscalização exercidas pelos poderes públicos, notadamente o Poder Executivo. Vejamos:

Art. 78, CTN Considera-se poder de polícia atividade da Administração Pública que, limitando ou disciplinando direito, interesse ou liberdade, regula a prática de ato ou abstenção de fato, em razão de interesse público concernente à segurança, à higiene, à ordem, aos costumes, à disciplina da produção e do mercado, ao exercício de atividades econômicas dependentes de concessão ou autorização do Poder Público, à tranquilidade pública ou ao respeito à propriedade e aos direitos individuais ou coletivos.

- **Poder de polícia *lato sensu*:** diligências policiais, propriamente ditas, como buscas pessoais, domiciliares, condução de presos, prisões etc.

Atualmente, o melhor modelo de policiamento é o de viés comunitário, em que o policial é incentivado a conviver e a interagir em uma comunidade. Estimula-se o convívio e a participação proativa na resolução integrada dos problemas sociais. A gestão policial em um Estado Democrático de Direito deve ser responsabilidade de todos e não apenas dos policiais ou de profissionais de segurança pública. Assim, modelos democráticos são sistemas que privilegiam o contato da Polícia com a comunidade, via conselhos e audiências públicas, por exemplo.

Conforme Theodomiro Dias Neto, "inerente ao conceito de democracia é o princípio de que os cidadãos devem possuir mecanismos de controle sobre as decisões estatais". Esse controle, no âmbito do modelo de policiamento comunitário, consiste na possibilidade de interação constante entre as forças policiais e uma comunidade, que pode trazer, via Conselhos Comunitários de Segurança, quais seriam as principais reinvindicações e angústias de segurança naquela localidade. O policiamento comunitário vem da constatação de que é praticamente impossível o êxito no combate ao crime se não houver cooperação da sociedade.

Dias Neto constrói a seguinte esquematização (apresentada a seguir), sobre a história das polícias nos Estados Unidos. Nota-se que suas propostas são similares a algumas manifestações de organização policial verificadas no Brasil:

- **Era Política (1ª metade do século XIX e início do XX):** polícia com fortes vínculos com políticos locais, com ampla discricionariedade no agir e enormes atribuições. A Polícia era vista como grande "quebra galho".

- **Modelo Profissional (início do século XX até anos 1970/1980):** chefes de Polícia com estabilidade e mandatos fixos, com grande ênfase na hierarquia e na disciplina, afastamento da população com o fundamento de se evitar a corrupção e os abusos, com demarcação das funções eminentemente policiais. O policial deve executar a lei, sem participação da sociedade na decisão policial.

- **Modelo Comunitário:** inicia-se na década de 1970 com a ampliação das competências não penais do policial, que também passa a ser um líder e um pacificador social, auxiliando nos pequenos atritos e construindo um relacionamento cooperativo com a sociedade. Parte do princípio de que a participação social na Polícia não entra em contradição com o respeito à lei.

Como fomentar a colaboração social da Polícia com a sociedade, e vice-versa? Eis as principais medidas e aspectos propostos, dentro da visão de policiamento comunitário:

- **Maior interação do policial com o cidadão:** deve-se incentivar, no modelo comunitário de policiamento, a presença constante e direta do policial na área em que atua, priorizando-se a noção de pertencimento do policial na sociedade em que trabalha. A formação do policial deve também priorizar a sensibilidade para aceitar a diversidade.

- **Ajustamento das expectativas:** o contato constante entre policiais e comunidade auxilia no reconhecimento das dificuldades inerentes ao trabalho policial, de modo a diminuir as altas e irreais expectativas que são normalmente depositadas nesse trabalho.

- **Policiamento orientado ao problema:** consiste na cooperação entre policiais e cidadãos, na busca por soluções integradas e colaborativas para os problemas de criminalidade local. Por exemplo: a partir de reuniões do Conselho de Segurança de um bairro, com a equipe de policiais que atua no policiamento comunitário, são levantadas as principais fragilidades que ocasionam a criminalidade. Algumas delas são: falta de iluminação pública, áreas degradadas (como prédios abandonados) e ociosidade de jovens, em face da ausência de contraturno escolar ou atividades de lazer. De forma integrada, comunidade e polícia devem buscar a solução dessas demandas.

A necessidade de organizar os órgãos policiais, de maneira a cumprir democraticamente as desafiadoras funções de garantir a preservação da ordem democrática, determinou a formulação de inúmeras políticas públicas. Merece destaque o fato de que ainda não há lei que discipline a organização e o funcionamento dos órgãos responsáveis pela segurança pública, de modo a garantir a eficiência de suas atividades de forma unitária, conforme determina o § 7º do art. 144 da CF/1988.

5.3 Direitos humanos

Pode-se situar a gestação inicial de políticas democráticas para a gestão e aplicação da segurança pública a partir de 1996, com o lançamento do primeiro Programa Nacional de Direitos Humanos (PHDH).

De acordo com Celso Lafer e vários outros doutrinadores, os direitos humanos podem ser classificados em quatro gerações, que representam a evolução histórica da humanidade:

▸ **Primeira geração:** representada pelas conquistas dos direitos civis e políticos, os direitos individuais fundamentados no contratualismo do Estado liberal. São tidos como inerentes ao indivíduo como direito natural.

▸ **Segunda geração:** também denominados direitos socioeconômicos, são os direitos relativos aos serviços públicos e que dão garantia de trabalho, saúde, educação e segurança pública e civil.

▸ **Terceira e quarta gerações:** define-se direitos humanos cujo titular é a coletividade. Citam-se grupos humanos como a família, as associações, coletividades regionais e outros. São conquistas referentes ao equilíbrio do meio ambiente e das relações de consumo, por exemplo.

5.3.1 Plano Nacional de Direitos Humanos (PNDH-3)

Atualmente, está em vigor o Programa Nacional de Direitos Humanos (PNDH-3), consubstanciado no Decreto nº 7.037/2009. Esse documento, em diversos eixos temáticos, busca concretizar políticas em prol do desenvolvimento contínuo dos direitos humanos. No Eixo Orientador nº IV, verifica-se a temática da segurança pública, do acesso à justiça e do combate à violência, com as seguintes diretrizes:

Diretriz 11	Democratização e modernização do sistema de segurança pública.
Diretriz 12	Transparência e participação popular no sistema de segurança pública e justiça criminal.
Diretriz 13	Prevenção da violência e da criminalidade e profissionalização da investigação de atos criminosos.
Diretriz 14	Combate à violência institucional, com ênfase na erradicação da tortura e na redução da letalidade policial e carcerária.
Diretriz 15	Garantia dos direitos das vítimas de crimes e de proteção das pessoas ameaçadas.
Diretriz 16	Modernização da política de execução penal, priorizando a aplicação de penas e medidas alternativas à privação de liberdade e melhoria do sistema penitenciário.
Diretriz 17	Promoção de sistema de justiça mais acessível, ágil e efetivo, para o conhecimento, a garantia e a defesa de direitos.

O PNDH-3 destaca que:

[...] Por muito tempo, alguns segmentos da militância em Direitos Humanos mantiveram-se distantes do debate sobre as políticas públicas de segurança no Brasil. No processo de consolidação da democracia, por diferentes razões, movimentos sociais e entidades manifestaram dificuldade no tratamento do tema. Na base dessa dificuldade, estavam a memória dos enfrentamentos com o aparato repressivo, ao longo de duas décadas de regime ditatorial, a postura violenta vigente, muitas vezes, em órgãos de segurança pública, a percepção do crime e da violência como meros subprodutos de uma ordem social injusta a ser transformada em seus próprios fundamentos.

Distanciamento análogo ocorreu nas universidades, que, com poucas exceções, não se debruçaram sobre o modelo de polícia legado ou sobre os desafios da segurança pública. As polícias brasileiras, nos termos de sua tradição institucional, pouco aproveitaram da reflexão teórica e dos aportes oferecidos pela Criminologia moderna e demais ciências sociais, já disponíveis há algumas décadas às polícias e aos gestores de países desenvolvidos. A cultura arraigada de rejeitar as evidências acumuladas pela pesquisa e pela experiência de reforma das polícias no mundo era a mesma que expressava nostalgia de um passado de ausência de garantias individuais, e que identificava na ideia dos Direitos Humanos não a mais generosa entre as promessas construídas pela modernidade, mas uma verdadeira ameaça.

Estavam postas as condições históricas, políticas e culturais para que houvesse um fosso aparentemente intransponível entre os temas da segurança pública e os Direitos Humanos.

Nos últimos anos, contudo, esse processo de estranhamento mútuo passou a ser questionado. De um lado, articulações na sociedade civil assumiram o desafio de repensar a segurança pública a partir de diálogos com especialistas na área, policiais e gestores. De outro, começaram a ser implantadas as primeiras políticas públicas, buscando caminhos alternativos de redução do crime e da violência, a partir de projetos centrados na prevenção e influenciados pela cultura de paz.

A proposição do Sistema Único de Segurança Pública, a modernização de parte das nossas estruturas policiais e a aprovação de novos regimentos e leis orgânicas das polícias, a consciência crescente de que políticas de segurança pública são realidades mais amplas e complexas do que as iniciativas possíveis às chamadas 'forças da segurança', o surgimento de nova geração de policiais, disposta a repensar práticas e dogmas e, sobretudo, a cobrança da opinião pública e a maior fiscalização sobre o Estado, resultante do processo de democratização, têm tornado possível a construção de agenda de reformas na área.

O Programa Nacional de Segurança Pública com Cidadania (PRONASCI) e os investimentos já realizados pelo Governo Federal na montagem de rede nacional de altos estudos em segurança pública, que têm beneficiado milhares de policiais em cada Estado, simbolizam, ao lado do processo de debates da 1ª Conferência Nacional de Segurança Pública, acúmulos históricos significativos, que apontam para novas e mais importantes mudanças. [...]

Atenção!

A íntegra do PNDH-3 pode ser consultada no link https://direito.mppr.mp.br/arquivos/File/PNDH3.pdf. Acesso em: 25 jul. 2022.

5.3.2 Diretrizes do PNDH-3 para a segurança pública

A seguir, são destacadas as principais propostas e diretrizes listadas no Plano Nacional de Direitos Humanos para a área de Segurança Pública:

- Propor alteração do texto constitucional, de modo a considerar as polícias militares não mais como forças auxiliares do Exército, mantendo-as apenas como força reserva.
- Propor a revisão de estrutura, treinamento, controle, emprego e regimentos disciplinares dos órgãos de segurança pública, de modo a potencializar suas funções de combate ao crime e proteção dos direitos de cidadania, bem como garantir que seus órgãos corregedores disponham de carreira própria, sem subordinação à direção das instituições policiais.
- Propor a criação obrigatória de ouvidorias de polícias independentes nos estados e no Distrito Federal, com ouvidores protegidos por mandato e escolhidos com participação da sociedade.

SISTEMA PENAL E ESTRUTURA SOCIAL

- Assegurar a autonomia funcional dos peritos e a modernização dos órgãos periciais oficiais, como modo de incrementar sua estruturação, assegurando a produção isenta e qualificada da prova material, bem como o princípio da ampla defesa e do contraditório e o respeito aos direitos humanos. Propor regulamentação da perícia oficial.
- Propor projeto de lei para proporcionar autonomia administrativa e funcional dos órgãos periciais federais.
- Desenvolver sistema de dados nacional informatizado para monitoramento da produção e da qualidade dos laudos produzidos nos órgãos periciais.
- Promover o aprofundamento do debate sobre a instituição do ciclo completo da atividade policial, com competências repartidas pelas polícias, a partir da natureza e da gravidade dos delitos.
- Apoiar a aprovação do projeto de lei que dispõe sobre o Sistema Único de Segurança Pública.
- Condicionar o repasse de verbas federais à elaboração e à revisão periódica de planos estaduais, distrital e municipais de segurança pública, que se pautem pela integração e pela responsabilização territorial da gestão dos programas e ações.
- Criar base de dados unificada, que permita o fluxo de informações entre os diversos componentes do sistema de segurança pública e a Justiça criminal.
- Proporcionar equipamentos para proteção individual efetiva para os profissionais do sistema federal de segurança pública.
- Condicionar o repasse de verbas federais aos estados, ao Distrito Federal e aos municípios, à garantia da efetiva disponibilização de equipamentos de proteção individual aos profissionais do sistema nacional de segurança pública.
- Fomentar o acompanhamento permanente da saúde mental dos profissionais do sistema de segurança pública, mediante serviços especializados do sistema de saúde pública.
- Propor projeto de lei instituindo seguro para casos de acidentes incapacitantes ou morte em serviço para profissionais do sistema de segurança pública.
- Garantir a reabilitação e reintegração ao trabalho dos profissionais do sistema de segurança pública federal, nos casos de deficiência adquirida no exercício da função.
- Publicar trimestralmente estatísticas sobre crimes registrados, inquéritos instaurados e concluídos, prisões efetuadas, flagrantes registrados, operações realizadas, armas e entorpecentes apreendidos pela Polícia Federal em cada estado da Federação; veículos abordados, armas e entorpecentes apreendidos e prisões efetuadas; presos provisórios e condenados sob custódia do sistema penitenciário federal e quantidade de presos trabalhando e estudando por idade, sexo e raça ou etnia; vitimização de policiais federais, policiais rodoviários federais, membros da Força Nacional de Segurança Pública e agentes penitenciários federais.
- Fomentar mecanismos de gestão participativa das políticas públicas de segurança, como conselhos e conferências, ampliando a Conferência Nacional de Segurança Pública (Conasp).

CRIMINOLOGIA
para concursos

- Realizar ações permanentes de estímulo ao desarmamento da população.
- Propor reforma da legislação para ampliar as restrições e os requisitos para aquisição de armas de fogo por particulares e empresas de segurança privada.
- Propor alteração da legislação para garantir que as armas apreendidas em crimes que não envolvam disparo sejam inutilizadas imediatamente após a perícia.
- Propor projeto de lei para alterar o procedimento do inquérito policial, de modo a admitir procedimentos orais gravados e transformar em peça ágil e eficiente de investigação criminal voltada à coleta de evidências.
- Fomentar o debate com o objetivo de unificar os meios de investigação e obtenção de provas e padronizar procedimentos de investigação criminal.
- Promover a capacitação técnica em investigação criminal para os profissionais dos sistemas estaduais de segurança pública.
- Realizar pesquisas para qualificação dos estudos sobre técnicas de investigação criminal.
- Realizar anualmente pesquisas nacionais de vitimização.
- Fortalecer mecanismos que possibilitem a efetiva fiscalização de empresas de segurança privada e a investigação e responsabilização de policiais que delas participem de forma direta ou indireta.
- Elaborar diretrizes para atividades de policiamento comunitário e policiamento orientado para a solução de problemas, bem como catalogar e divulgar boas práticas dessas atividades.

6 MODELOS SOCIOLÓGICOS E SOCIOLOGIA CRIMINAL

As principais contribuições para o desenvolvimento dos estudos em Criminologia encontram-se em modelos sociológicos de explicação do crime. Com efeito, tais estudos evoluíram da vertente sociológica da Escola Positiva e emanciparam-se, deixando um viés eminentemente etiológico (estudo das causas). Neste sentido, iniciou-se, com esses modelos, uma busca por verdadeiras teorias da criminalidade, dispensando para além de pesquisas empíricas um elevado grau de abstração e teorização na formulação de suas teses e pensamentos.

Percebe-se a dificuldade de uma classificação precisa quanto ao momento em que as teorias sociológicas ainda se baseavam em uma teorização etiológica, ou seja, quando buscavam explicar as causas dos crimes. Posteriormente, passou-se a formalizar verdadeiras teorias da criminalidade. Neste capítulo, são apresentadas escolas ou modelos sociológicos, com teorias etiológicas e criminológicas.

Atenção!

Não é correto afirmar que a investigação etiológica é estranha às teorias sociológicas. O deslocamento do paradigma positivista não significa ruptura com o caráter etiológico.

Os modelos sociológicos partem da premissa fundamental de que o crime não é uma simples manifestação intrínseca ou psicológica do ser humano, mas, sim, é um fenômeno complexo e social.

Destacam-se dois principais caminhos da Sociologia Criminal: uma vertente europeia, cuja liderança coube a **Durkheim**, e o modelo norte-americano da **Escola de Chicago**.

As teorias que serão estudadas a seguir partem de uma análise macro do papel da sociedade como produtora de criminalidade. Elas envolvem não apenas um ou outro indivíduo e, tampouco, pequenos grupos, como era feito antes. Mas também, em alguns casos, enunciarão teorias sobre a criminalidade, a partir de análises microssociológicas ou microcriminológicas, partindo do estudo do crime da perspectiva individual para a social. Tratam, portanto, de conceber teorias e estudos macrocriminológicos ou microcriminológicos. Alguns desses estudos tomam por base uma sociedade de consenso, em que haveria uma ideia de contrato social e de harmonia de interesses entre seus membros, que compartilham objetivos e ideias em comum, com colaboração mútua. Outros desses estudos são classificados como teorias conflituais, as quais não concebem a sociedade no sentido de uma cooperação voluntária ou como fruto de um consenso de todos. Consideram, na verdade, que a coerção e a dominação pela força da lei e do Estado são responsáveis por garantir o amálgama social.

CRIMINOLOGIA
para concursos

Os modelos positivistas de Criminologia são mais consensuais, de modo que a ideia de sociedade de conflito é desenvolvida por alguns teóricos da Sociologia Criminal e das **teorias criminológicas**.

Sociologia criminal	
Teorias do consenso	▸ Colaboração entre seus membros
	▸ Ideia de contrato social
	▸ Instituições funcionam para dar harmonia
	▸ Consenso entre os membros da sociedade sobre valores
	▸ Sociedade é baseada na estabilidade, integração e coordenação funcional
Teorias de conflito	▸ Disputa entre seus membros e grupos sociais
	▸ Ideia de coerção
	▸ Instituições servem para garantir a dominação de alguns grupos sobre outros
	▸ Dissenso e conflito entre os membros da sociedade, sempre tendendo para a desintegração ou mudança
	▸ Sociedade é baseada no movimento
	▸ É feita de dissenso e conflito
	▸ Conflito é ubíquo (está em todo o lugar, é onipresente)

6.1 Teorias do consenso

A seguir serão apresentadas as principais teorias e seus formuladores.

6.1.1 Teoria ecológica – Escola de Chicago

▸ Macrocriminológica/macrossociológica.

▸ De consenso.

A Escola de Chicago corresponde ao nascedouro da moderna Sociologia norte-americana. Nasceu a partir do Departamento de Sociologia da Universidade de Chicago, em 1890, com apoio de grandes empresários norte-americanos, e garantiu remuneração bem acima da média para professores. Isso fez com que se dirigissem para Chicago vários catedráticos que, além de altos salários, tinham autonomia para se dedicar às suas pesquisas e aos seus estudos. Chicago, como qualquer cidade de médio porte, sofria com o crescimento desenfreado e com a eclosão da violência. Sua população duplicava de número a cada 2 anos, e muitos de seus novos moradores não vinham apenas de outros rincões norte-americanos, mas de inúmeros países da Europa. Desse modo, eles possuíam sotaques, culturas e costumes diversos que, normalmente, levavam a conflitos variados.

Os pesquisadores da Escola de Chicago eram eminentemente pragmáticos. Buscavam teorias capazes de entender e conter a criminalidade nas grandes cidades norte-americanas, as quais cresceram vertiginosamente a partir da metade do século XIX. Diante disso, os estudiosos desenvolveram a chamada "Sociologia da grande cidade".

Essa teoria supera o paradigma etiológico, pois se preocupa mais com o processo dinâmico e complexo de criminalização do que com o crime ou com o criminoso.

O principal avanço da Escola de Chicago foi priorizar o conhecimento prévio da realidade de cada cidade, antes de formalizar políticas de intervenção nas suas áreas. Priorizou-se o rigor metodológico, por meio de análises de estatísticas policiais e judiciais. Demonstrou-se a necessidade de atenção para os altos índices de criminalidade, verificados nas áreas deterioradas e pobres das grandes cidades.

Esses teóricos receberam críticas por terem substituído o antigo Determinismo do Positivismo para um **Determinismo Ecológico**. Todavia, a teoria por eles proposta obteve grande mérito, pois substituiu a visão meramente etiológica e propôs críticas às respostas e às soluções meramente individuais. Tudo isso com o objetivo de expor uma verdadeira teoria criminológica, que mesclasse pesquisas de campo com teses e abstrações, de modo que possuíssem sempre um viés mais abrangente do fenômeno criminal.

Segundo Shecaira (2014), não conheciam a concepção de "cifra negra" da criminalidade e, portanto, as estatísticas utilizadas não refletiam a problemática da subnotificação de crimes.

A primeira grande teoria desenvolvida foi a **teoria ecológica** (estudo do ambiente), também denominada **teoria da desorganização social**. Ela criticou a gênese desorganizada de crescimento dos grandes centros urbanos no século XIX, em que as pessoas disputavam cada vez mais energicamente o espaço urbano e os meios de subsistência. Segundo essa teoria, as pessoas perderiam, gradativamente, suas identidades com o local onde viviam, uma vez que pouco existiam/permaneciam naquele local. Isso era atribuído às grandes jornadas externas de trabalho, as quais faziam com que o trabalhador perdesse progressivamente os vínculos com seus vizinhos, por exemplo, os quais passavam a sequer se conhecer.

Tal teoria conclui que a cidade grande produziria, por si só, a violência urbana, pela desorganização e decorrente ausência de controle urbano. Essa informação recomenda maior atuação do Estado no disciplinamento urbano. Ou seja, a eclosão de uma grande cidade, em substituição às pequenas vilas, enfraqueceria os grupos primários de socialização (família, vizinhança etc.). Isso tornaria a disputa pelos meios de subsistência mais acirrados, degenerando as relações humanas.

Era preciso, então, regrar o crescimento das cidades e fazer intervenções que favorecessem o controle, com aumento das áreas de convívio (como parques), de modo a incentivar a interação entre vizinhos, e destes com as Polícias.

Os idealizadores dessa teoria propõem também o incremento das condições sociais e econômicas das famílias, de modo a melhor atender suas crianças, com fornecimento de creches e escolas. Promovem a observação da necessidade de fortalecimento de vínculos entre vizinhos, com amplos programas de integração comunitária. Para isso, incentivam a criação de comitês, associações, clubes e igrejas locais, de forma a, novamente, estabelecer a ideia de cooperação em prol de objetivos comuns de uma comunidade, que deveria se circunscrever em bairros (microcidades). Defendem, ainda, o aumento de atividades recreativas regionalizadas. Tais medidas tendem a oferecer melhorias no controle social informal (família, escola, clubes, empresa), com menos necessidade de utilização do controle formal (Direito Penal, por exemplo).

A teoria ecológica pode ser resumida por dois conceitos básicos:

Desorganização social	O crescimento desorganizado fulmina ou dificulta os controles sociais informais, como os exercidos pela família, escola, religião, trabalho, clubes e associações, tornando o homem cada vez mais um anônimo. Ao mesmo tempo, o crescimento descontrolado dificulta a atuação dos controles sociais formais, uma vez que o Estado não consegue crescer na velocidade de expansão das cidades (falta de policiais, de acesso à Justiça etc.), com tendências de surgimento de grupos de "justiceiros", de "extermínio" ou de "milicianos" que se encarregam de providenciar a coerção pela força (grupos armados).
Áreas de Criminalidade (*Gradient Tendency*)	As cidades cresceriam a partir de círculos, partindo do centro para a periferia (melhores moradias), como a inicial (denominada *loop*), concentrando a zona comercial, industrial e de serviços, sendo a 2ª Zona (ou de transição) mais propícia ao estabelecimento de guetos e cortiços, pois ficaria entre a 1ª Zona (industrializa, mais poluída e barulhenta e sempre em expansão) e a 3ª Zona (residencial de baixa renda). A 4ª Zona seria destinada a moradias da classe média, e a última zona (5ª Zona), a moradias da classe mais alta.

Vários foram os representantes da Escola de Chicago, como William Thomas, Florian Znaniecki, Robert E. Park, Louis Wirth, Ernest Burgess, Everett Hughes, Henry Mckay e Robert Mackenzie.

Clifford R. Shaw destacou-se pelas obras *The Jack Roller* e, também, por *Delinquência Juvenil e Desorganização Social*. Ernest W. Burgess, por sua vez, escreveu a obra *O crescimento da cidade: introdução a um projeto de pesquisa. Estudos de Ecologia humana*.

6.1.2 Teoria da anomia

▸ Macrocriminológica/macrossociológica.

▸ De consenso.

▸ Principais teóricos são Durkheim (1858-1917) e Robert King Merton (1910-2003).

Durkheim escreveu a obra *O suicídio*, na qual formula, pela primeira vez, a ideia de anomia. Em sua obra, o autor explica que o comportamento humano não pode ser explicado apenas pelo livre arbítrio. Há, para ele, condicionamentos do meio e da sociedade na conduta do ser humano.

Ele apropriou-se do exemplo do suicídio e demonstrou, com estatísticas oficiais, que mesmo o suicídio não depende apenas da livre decisão do homem. O suicídio receberia influências externas, com aumentos em épocas de crise, mas, surpreendentemente, também com acréscimos em tempos de prosperidade.

MODELOS SOCIOLÓGICOS E SOCIOLOGIA CRIMINAL

A partir dessa constatação empírica, Durkheim diz que o suicídio é explicável pela ausência de normas, ou **anomia**. Considera ainda o crime como fenômeno normal de uma sociedade, e não como uma doença atribuível a um indivíduo ou comunidade. Também nega se tratar de situações necessariamente nocivas à sociedade. Pelo contrário, os crimes seriam necessários para a estabilidade social.

Durkheim observa que, em toda e qualquer sociedade, por mais organizada e desenvolvida que seja, há patamares constantes de criminalidade, não havendo meios de evitar-se totalmente o desvio. Para ele, haveria uma taxa de crimes saudável para uma sociedade, pois permitiria a reafirmação da ordem e da defesa dessa sociedade, pela aplicação da decorrente sanção. Isso demonstraria o pleno funcionamento das instituições de um Estado.

A problemática – ou anomalia – estaria em aumentos abruptos que podem decorrer de ausência de normas (ou anomias), decorrentes de momentos de grave crise social, com verdadeiro desmoronamento de normas e valores de convivência social, sem que outros valores estejam a postos para adesão.

Também as diminuições rápidas na criminalidade são problemáticas, na visão de Durkheim. Isso porque demonstram crise na sociedade examinada. Nesse caso, decorrem de grande explicitação de força do Estado na contenção da sociedade. São casos em que, por exemplo, decreta-se estado de sítio, como modo de fazer cessar qualquer manifestação social, com a consequente redução artificial da criminalidade. Tal diminuição não significa que a sociedade está harmoniosa, mas sim que o "consenso" se obteve de forma forçada, mediante excessiva dissuasão, obtida pelo uso ou simples demonstração de força.

A teoria de Durkheim é funcionalista e consensual, pois defende que os diversos elementos que constituem a sociedade se inter-relacionam, buscando uma harmonia. Para o estudioso, a importância do crime está no estabelecimento de limites morais para uma comunidade.

Robert King Merton (1910-2003), sociólogo norte-americano, formulou sua teoria da anomia a partir dos conceitos de Durkheim. Ele toma por base as reflexões sobre a incapacidade de alguns integrantes da sociedade em atingir as metas e os fins culturais propostos, como *status*, poder, riqueza e satisfação pessoal ("lugar ao sol"). Sua teoria é construída sob a perspectiva do "sonho americano", criada dentro de uma filosofia de Estado do bem-estar social, em que, supostamente, haveria condições reais de oportunidades iguais para todos. As pessoas não conseguiriam atingir as expectativas sociais graças à insuficiência dos meios institucionalizados disponíveis.

Desta forma, segundo Merton, as pessoas poderiam ter um comportamento **conformista** (de acomodação em face às regras e limitações), **comportamento ideal e não criminógeno, por excelência**. Tais indivíduos concordam com as "regras do jogo", ou seja, estão sintonizados tanto com as metas como com os meios para obtenção.

Outros empreenderiam um comportamento de rompimento aparente com o sistema, negando os meios institucionalizados. Entretanto, continuariam a buscar as metas sociais pelo comportamento da **inovação**.

Merton classifica, ainda, como comportamento **ritualista** a ação daqueles que simplesmente fogem dos fins sociais (dinheiro e fama, por exemplo), por acreditarem que, por alguma razão, jamais alcançariam tais metas.

Pela **evasão** ou **retraimento**, temos o comportamento daqueles que renunciam às metas culturais, bem como aos meios institucionalizados. Esses indivíduos consideram-se derrotados e esquecidos da sociedade. Servem como exemplo disso os mendigos, os viciados em drogas e os alcoólatras crônicos (atualmente, um caso a ser citado é o dos habitantes das atuais "cracolândias").

Já os de comportamento **rebelde** lutam pelo estabelecimento de uma nova ordem social, pois negam tanto as metas quanto os meios institucionais para as alcançar. Individualmente, seriam os ditos "rebeldes", mas, coletivamente, podem levar a grandes mudanças sociais, tornando-se revolucionários.

A partir da teoria da anomia de Merton, outros teóricos afirmaram que os Estados Unidos estariam condicionados a altas taxas de criminalidade. Esse fato decorre da pressão ideológica do "sonho americano", ao estabelecer uma grande meta cultural (sucesso econômico), sem fixar e destacar que tal meta deve ser obtida licitamente. Isso faz com que muitos pretendam obter a grande meta do sucesso mediante quaisquer meios, lícitos ou ilícitos.

6.2 Teorias do conflito

6.2.1 Teorias do conflito cultural

As teorias do conflito cultural advogam que a cultura e o choque entre concepções socioculturais seriam fatores indutores de criminalidade preponderantes. A causa disso é o choque de antigas tradições culturais simplesmente herdadas e que perdem gradativamente sua credibilidade. Um exemplo refere-se à crise de paradigmas culturais, ocorrida na década de 1960 nos Estados Unidos (Guerra do Vietnã *versus* paz).

Os principais representantes são Taft, Sellin, White e Cohen.

6.2.2 Teorias do conflito social

As teorias do conflito social preceituam que o falso e artificial consenso social entrou em crise fatal, a partir da pluralidade de grupos e subgrupos sociais, que integram as sociedades modernas. Sua evolução se dá pela disputa entre costumes, valores antigos e as novas ambições e aspirações de uma sociedade. Desse modo, há coações e pressões de umas sobre as outras, fato responsável por causar repercussão na sua evolução.

> ▸ **Mudança:** o conflito e a dominação são os marcos de tais teorias, as quais consideram os conflitos como funcionais e benéficos, pois asseguram a mudança social e o aperfeiçoamento dos sistemas (Dahrendorf).

Chambliss e Seidman preceituam, em suas formulações, que dentro da concepção de conflito, não haveria neutralidade no sistema de Justiça Penal. Este atuaria consoante o interesse de parcelas da sociedade mais representadas em tais organizações.

6.2.3 Teorias do conflito marxistas

As teorias do conflito, de cunho marxista, estudam o crime em razão das relações de produção de uma sociedade capitalista, de modo a considerar o delito como produto histórico, decorrente da luta entre classes. Consideram que as classes são subjugadas e exploradas umas pelas outras, e as classes dominantes servem-se do Direito e da Justiça para manter sua dominação.

Sobre tais concepções, são cunhados modelos denominados Criminologia Crítica, Criminologia Radical ou Nova Criminologia.

Essas teorias têm como obra fundante *A Nova Criminologia* (1973), de Taylor, Walton e Young. Não é a mesma coisa que o *labelling approach* ou teoria do etiquetamento, que surgiu na década de 1960, como veremos a seguir. Entretanto, pode-se dizer que a Criminologia Crítica sofreu influências da teoria do etiquetamento.

Neste momento, é importante estabelecer diferenciações conceituais entre as teorias conflituais de concepção não marxista das marxistas, nos seguintes termos:

- **Teorias do conflito não marxistas:** crime como produto normal, **não patológico,** decorrente de tensões e disputas entre diversos segmentos e grupos sociais; conflito em um aspecto remoto, desconectado das relações e modos de produção.
- **Teorias do conflito marxistas:** crime é fenômeno histórico que se desenvolve a partir da luta entre classes sociais e é decorrência **patológica** de uma sociedade desigual; conflito diretamente relacionado e decorrente da organização dos modos de produção e do capitalismo.

Segundo Roldán Barbero, haveria cinco teses fundamentais na Criminologia Crítica:

- O conflito e o desvio são decorrentes da tensão social.
- Ênfase na atribuição criminal e etiquetamento (estigmatização) do infrator (desviação secundária) patrocinada pelas instâncias de controle.
- O Sistema de Justiça Criminal é extremamente seletivo, atuando como verdadeira justiça de classe ao selecionar e recrutar, atribuindo (etiquetando) sua clientela nos estamentos mais baixos da sociedade.
- Simpatia pelo delinquente das classes mais baixas e atitude hostil em face do criminoso poderoso (crimes do colarinho branco).
- Prega o Abolicionismo, pelo papel desempenhado pelas instâncias punitivas em seu funcionamento real.

O modelo da **Nova Prevenção,** idealizado pelos italianos Alessandro Baratta, Dario Melossi e Massimo Pavarini (Escola de Bolonha), entendem que a desigualdade social produz a criminalidade e deve ser respondida com políticas públicas. Foram críticos do enfoque da reação social que seria uma face liberal da criminologia conservadora e pleiteavam uma ampla reforma social. Buscavam individualizar uma Criminologia de cunho marxista.

6.2.4 Teorias subculturais

Os principais representantes das teorias subculturais são: Cohen, com suas teorias a respeito da delinquência juvenil; e Cloward e Ohlin, com a teoria da oportunidade diferencial.

São de cunho microssociológicas, pois partem do estudo de diversas minorias marginalizadas.

▸ Pluralismo atomizado da ordem social, em que vários grupos e subgrupos disputam espaço. Cada grupo possui seu código de valores, nem sempre sintonizados com os valores da maioria que domina.

▸ Semelhanças de estrutura e gênese do comportamento regular e irregular.

▸ Sancionamento e cobertura normativa da conduta desviada.

Diferentemente das teorias ecológicas, as teorias subculturais advogam que o crime não é decorrente da desorganização social ou da ausência de valores, mas, sim, do choque e da disputa entre valores diversos, dos inúmeros grupos sociais.

Tais teorias estudarão como se estabelecem os grupos e subgrupos sociais, predominantemente aqueles mais isolados e diferenciados. Constituem exemplos disso os subgrupos de delinquentes juvenis, os bandos e as gangues. A pesquisa volta-se, sobremaneira, para a gênese e origem desses subgrupos, os quais são decorrentes da própria estratificação social. O enfoque não é como o dos adeptos das teorias ecológicas, que se dedicavam ao estudo de funcionamento e da estrutura interna de tais comunidades.

O crime, para as teorias subculturais, decorre do enfrentamento de outros sistemas culturais e não da desorganização de uma sociedade (como no caso das teorias ecológicas).

Exemplos de subculturas: gangues juvenis ("rebeldes sem causa"), *hippies, beatniks, pacifistas, punks, skinheads*, pichadores, torcidas organizadas de futebol etc.

A grande lição das teorias subculturais é que, pelas características culturais particulares de cada subgrupo, o combate à criminalidade decorrente deve ser feito de forma inovadora, mediante a cooptação dos subgrupos. A ideia consiste em conceder a eles espaços próprios e oportunizar seu acesso à sociedade ordinária. Um exemplo é o caso dos grupos de pichadores, que têm seus esforços canalizados para experiências de uso de grafite em muros autorizados (exemplo de Sérgio Shecaira na obra *Criminologia*). Já em casos de subgrupos violentos, a resposta é a criação de grupos especializados de investigação e acompanhamento tecnológico da criminalidade, como monitoramento via câmeras, de modo a identificar e a punir as lideranças dos agressores, bem como ocasionar a desarticulação do subgrupo (neonazistas, *skinheads*, torcidas organizadas, *black blocs*).

6.3 Teorias do processo social

6.3.1 Teorias da aprendizagem social (*social learning*)

O crime apreende-se como todo comportamento em sociedade. O principal referencial teórico dessas teorias pertence ao norte-americano Edwin Hardin Sutherland (1883-1950), que cunhou a expressão "crime do colarinho branco" em sua obra *White Collar Criminality* (1940).

A **teoria da associação diferencial**, conforme Pala Veras, é anterior às suas pesquisas de Suthertland referentes aos crimes de colarinho branco. Esse estudo surge em sua obra *principles of criminology* (1939), no capítulo "*A Theory of Differencial Association*". O autor afirma que o crime consiste em uma atividade aprendida no processo de interação social (de contato com outras pessoas e exemplos), por meio da qual são transmitidas diversas técnicas delitivas e incutidas justificações favoráveis ao delito.

O criminoso não concordaria necessariamente com sua prática, estimulada e racionalizada anteriormente por exemplos que recebeu, mas buscaria criar mecanismos de justificação como forma de garantir a sua conduta como legítima, em que pese não ser considerada válida pelo restante da sociedade. Tal técnica é denominada, na doutrina, como "técnica de neutralização".

Um possível exemplo da Associação Diferencial é daquele indivíduo que se vê cercado de atitudes ilegais, como "gato" ou furto de energia elétrica e água, sinal de tv a cabo ilegal, mídias "piratas" e, ao mesmo tempo, convive com grandes exemplos de corrupção da classe política. Tal indivíduo pode criar justificações, técnicas de neutralização para tentar justificar, em seu pensamento, atitudes contrárias às normas, mas necessárias à sua sobrevivência, como a prática de crimes.

O conceito de crimes de colarinho branco, termo cunhado por Sutherland, em referência às finas roupas (camisas brancas), geralmente empregadas pelos empresários, são considerados delitos cometidos no âmbito profissional. São praticados por pessoas respeitadas pela comunidade e que gozam de elevado *status* social e reconhecida posição. Esse conceito de crime busca identificar e desmistificar a prática criminosa ligada simplesmente às classes mais pobres, com famílias desarticuladas, provenientes de locais mais desorganizados das cidades. Percebe-se a busca da construção de uma teoria geral apta a evidenciar que todas as classes são suscetíveis ao crime, e que os crimes de colarinho branco têm prejuízos provavelmente maiores do que os delitos tradicionais. Isso porque, normalmente, os crimes tradicionais incidem sobre pessoas específicas; em contrapartida, os crimes de colarinho branco geram vítimas difusas e indetermináveis, as quais são lesadas por práticas ilícitas cometidas por grandes empresas.

Sutherland, inclusive, desenvolveu pesquisas, publicadas posteriormente, a partir de 1949, em que demonstrou empiricamente diversas ilicitudes cometidas pelas setenta maiores empresas privadas norte-americanas. Obteve os dados a partir de análises de processos administrativos e civis, uma vez que, na época, praticamente inexistia a criminalização por delitos financeiros contra o consumidor.

6.3.2 Teorias do controle

As teorias do controle correspondem aos vínculos sociais sutis (como criação familiar), que fundamentam e orientam uma conduta conformista. Desse modo, para essas teorias, devem ser estimulados os controles sociais informais. O crime resulta de problemas nos controles informais, nos fundamentos da socialização inicial do indivíduo.

6.3.3 Teoria do etiquetamento (*labelling approach*)

A teoria do etiquetamento é também denominada teoria da rotulação social, teoria interacionista ou reação social.

Alguns doutrinadores classificam tal teoria como o marco das teorias do conflito (Shecaira). Tais estudos são considerados como um verdadeiro movimento criminológico, nascido nos Estados Unidos, a partir dos anos 1960. Constituem um balizador, por delimitarem um momento de ruptura do modelo etiológico-determinista. A teoria do etiquetamento contribuiu para a construção de uma análise dinâmica e progressiva do fenômeno criminal, com superação do monismo cultural, para dar lugar ao pluralismo axiológico.

Esta teoria apresenta-se crítica com relação à Criminologia anterior, das teorias consensuais. No entanto, não pode ser confundida com a escola da Criminologia Crítica, que veio posteriormente, aproveitando-se de alguns termos do *labelling*, mas com um viés marxista.

Seus principais expoentes foram Erving Goffman (1922-1982) e Howard Becker, na sua obra de 1963 "*Outsiders*". Em sua obra, Becker destaca os problemas das condutas desviadas e das pessoas que não são aceitas como membros de uma comunidade ou sociedade, cunhando-as como *Outsiders*, ou os que estariam "*do lado de fora*". Procura também substituir a nomenclatura de criminoso para a de *desviante*, com menor carga pejorativa. Desviante seria o diferente, e o próprio autor afirma, na obra, que o canhoto seria um desviante na noção dos destros, maioria.

Desviante também seria aquele que não consegue, ou o que fracassa na perspectiva de orientar-se pelas regras da comunidade. É aquele que se desvia culturalmente. É importante lembrar que a década de 1960 do século XX inaugura o movimento da Contracultura, principalmente nos Estados Unidos, com grande efervescência cultural, política e social.

Becker considera o crime como criação da sociedade, ao afirmar que "*cada sociedade tem o criminoso que quiser*", no sentido de que é na elaboração das leis que se escolhem, inicialmente, as condutas. Todavia, posteriormente, na aplicação e na atribuição de tais condutas a dadas pessoas (e não a outras) é que se escolhe quem é o criminoso. Tal decisão é de poder, realizada e exercida pelos órgãos de controle.

Sepultam-se, de uma vez por todas, as concepções positivistas e o paradigma etiológico-determinista. Tais estudos afirmam que a sociedade é eminentemente conflitiva, e são desenvolvidas análises críticas sobre os sistemas de controle social.

Shecaira (2014, p. 241), com propriedade, resume o período de transição:

> Assim, a ideia de encarar a sociedade como um 'todo' pacífico, sem fissuras interiores, que trabalha ordenadamente para a manutenção da coesão social, é substituída, em face de uma crise de valores, por uma referência que aponta para as relações conflitivas existentes dentro da sociedade e que estavam mascaradas pelo sucesso do Estado de Bem-Estar Social [...].

Neste sentido, o crime é visto como produto do controle social. Determinadas instituições constroem o criminoso, selecionando-o e etiquetando-o. O indivíduo não seria um criminoso, mas sim um criminalizado, enquanto outros não teriam atribuição de tal etiquetamento e classificação, em razão de poderio econômico-social, por exemplo. Para

Howard Becker, a desviação é decidida e originada pela sociedade, e o desviante (criminoso) seria aquele a quem é aposto o rótulo de delinquente.

Essa teoria é interacionista e trabalha com conceitos de conduta desviada e de reação social. As pessoas são rotuladas como criminosas (desviantes), pois seus comportamentos foram além dos limites tolerados pela comunidade.

O estudo em questão sofreu grande influência da teoria do **interacionismo simbólico**, da qual se extraiu a base para a teoria do *labelling*. George H. Mead afirma que a realidade existe a partir de um processo comunicativo, mediado por meio da interação entre as pessoas, negando tratar-se de um dado anterior, uma realidade ontológica. A realidade, para ele, é construída socialmente. O indivíduo é um ser ativo, que se relaciona com normas e significados e, posteriormente, exterioriza o seu comportamento a partir da sua leitura social.

Assim, a forma como o ser humano atua em sociedade é consequência do seu individualismo e da forma como os outros o percebem na comunidade. Se os outros o veem como estranho, provavelmente também ele se perceberá como estranho e será tachado, classificado ou etiquetado como tal. Esse processo de interação foi denominado de **interacionismo simbólico** (Herbert Blumer).

Dependendo da posição ocupada, o mesmo ato considerado criminoso teria leituras e interpretações distintas. Caso o crime fosse cometido pelo estranho, pelo diferente, este seria punido e severamente tratado. Caso o delito ocorresse dentro do aspecto de semelhante, a interação seria distinta, e o caso provavelmente seria absorvido, por exemplo, pela cifra negra.

O movimento do *labelling approach* destaca as flagrantes diferenças entre os controles informais, como família, escola, opinião pública e outras instâncias do sistema formal de controle. Este é classificado como eminentemente seletivo e discriminatório, exercido pelas agências estatais, como a Polícia e Justiça. Elas, normalmente, punem aquele que é taxado como diferente e possuem grandes dificuldades de punir o economicamente mais viável.

Considerada como o processo social de definição ou seleção de certas pessoas e condutas como criminais, a Criminalização Secundária é extremamente seletiva e, normalmente, recai sobre aqueles mais fáceis de serem criminalizados, como pobres e habitantes das periferias miseráveis. Geralmente, estes indivíduos estão envolvidos em crimes contra o patrimônio. Já os ricos, quando praticam crimes contra o patrimônio ou corrupção, como "os crimes de colarinho branco", dificilmente serão criminalizados, em virtude da grande elaboração dos esquemas criminosos. Há, ainda, estruturas de defesa que eles podem custear, além de contar com um Sistema de Justiça que não tem condições de descortinar a verdadeira engenharia criminosa deste nível. Isso porque o sistema de Justiça seria mais inclinado e estruturado para investigar e punir simples "obras toscas" da criminalidade, de modo a estigmatizar os mais fracos.

- ▸ **Criminalização primária:** definição de crimes pelo Poder Legislativo.
- ▸ **Criminalização secundária:** atribuição de crimes, mediante ampla discricionariedade e opção política – etiquetamento – àqueles que a sociedade entende como desviantes, especialmente a partir da ação de instituições oficiais de controle social, como Polícia, Justiça e Prisão. Normalmente, opta-se por criminalizar o mais fácil, o autor das "obras toscas da criminalidade". Estruturam-se os

órgãos de controle social com o intuito maior de incidir contra os estratos mais básicos da sociedade (é muito mais difícil punir crimes de colarinho branco, por exemplo).

▸ **Criminalização terciária:** manutenção do estigma de "criminoso", atribuído àqueles rotulados como tal, passando pela internalização desse rótulo pelo próprio indivíduo, principalmente no contexto do Sistema Penitenciário e do cumprimento da pena.

6.4 Outras teorias importantes

6.4.1 Teoria da lei e da ordem (*broken windows*)

Também conhecida como neorretribucionista, a teoria da lei e da ordem decorre de estudos inspirados na Escola de Chicago. Ela confere grande relevância aos cuidados com os espaços públicos e com a tolerância zero para com as pequenas transgressões. É a ideia de "lei e ordem" e de "tolerância zero". Trata-se de um movimento que poderia ser classificado como realista de direita.

A obra inicial que forneceu a sua fundamentação teoria foi o artigo *Broken Windows Theory*, publicado em 1982, pelos estudos de James Wilson e George Kelling, o qual estipulou a relação entre desordem e criminalidade.

O sucateamento das estruturas de ordem e de controle, segundo essa teoria, favoreceria a ocorrência de crimes. Ela partiu de um experimento realizado por um psicólogo da Universidade de Stanford (Philip Zimbardo), que deixou dois veículos em bairros distintos, um de classe alta (Palo Alto – Califórnia) e outro no Bronx, em Nova York. O veículo abandonado em Bronx, foi rapidamente desmontado e "depenado". Já o deixado em bairro de classe alta permaneceu intacto até que o pesquisador quebrou uma de suas janelas, trazendo como consequência imediata o seu completo desmonte e vandalização.

Tais proposições foram aplicadas em Nova York, na década de 1990, pelo prefeito Rudolph Giuliani e pelo Chefe de Polícia Willian Bratton. Elas repercutiram diretamente na diminuição da criminalidade, alterando o status de Nova York como uma das cidades mais inseguras dos Estados Unidos para a mais segura.

6.4.2 Teoria behaviorista

A teoria behaviorista parte da concepção de que o comportamento humano, *behavior*, em inglês, deve ser observado. A partir do exame meticuloso, devem ser estudadas e aplicadas formas de incentivar os comportamentos adequados e desestimular os inadequados.

Essa teoria foi criada pelo psicólogo John Broadus Watson (1878-1958).

6.4.3 Teorias abolicionistas

O principal expoente das teorias abolicionistas foi Louk Hulsman (1923-2009). O movimento abolicionista sofreu grande influência do Iluminismo, da teoria da rotulação e da criminologia crítica.

Faz uma crítica voraz contra o sistema punitivo tradicional, em que o Direito Penal é considerado como instrumento seletivo e elitista, programado para legitimar e reproduzir desigualdades e injustiças sociais.

Em 1982, Louk Hulsman e Jacqueline Bernat de Celis publicam a obra *Penas Perdidas – O Sistema Penal em Questão*, na qual teceram fortes críticas ao sistema penal vigente na época. Posteriormente, em 1991, Eugenio Raúl Zaffaroni, jurista argentino e Juiz da Suprema Corte, publicou *Em Busca das Penas Perdidas – a perda de legitimidade do sistema penal*, em uma clara alusão à obra de Hulsman e Celis, na qual utiliza muito das teorias de Hulsman. Zaffaroni transporta suas ideias para a realidade pobre da América Latina e questiona duramente a legitimidade do sistema penal.

A ideia comum dos abolicionistas é a convicção de que o sistema penal atual é ineficiente e inútil. Por isso, eles defendem sua extinção e substituição por outros meios de solução de conflitos.

Essa não é, precisamente, uma teoria, mas sim um movimento contrário ao Direito Penal clássico. Esse movimento busca alternativas políticas à lógica punitivista. Propõe uma justiça restaurativa, com ênfase na reconciliação e nos paradigmas terapêuticos, reparador e conciliador.

6.4.4 Criminologia Clínica

A Criminologia Clínica é um segmento da Criminologia que estuda o crime, o delinquente, a vítima e as instâncias de controle. Essa vertente é orientada por um viés médico-psicológico, de cunho etiológico ou causalista, mas que também pode ter uma perspectiva multifatorial – mais desapegada de critérios psicológicos/biológicos – e, até mesmo, sob uma visão crítica.

Ela estuda as relações do criminoso com o espaço prisional e as perspectivas de reintegração social passíveis de serem viabilizadas, a partir do cumprimento da pena. Esse segmento da Criminologia busca discutir os exames criminológicos (avaliações técnicas e multidisplinares). Analisa também as discussões realizadas pelas Comissões Técnicas de Classificação. Toma por base a individualização da pena, na perspectiva de tais comissões e observa os diversos e exclusivos programas de individualização, designados para cada um dos reclusos. Tudo isso, sempre materializado na perspectiva de potencializar hipóteses de ressocialização. Também estuda a formação e as práticas dos servidores que atuam no sistema prisional.

Como exame criminológico, pode-se considerar a realização de um diagnóstico, avaliando-se todo o contexto social do encarcerado (condições pessoais, familiares, cognitivas e psicológicas) e de um decorrente prognóstico criminológico (possibilidades futuras de reincidência). Tal diagnóstico é utilizado como forma de permitir eventual concessão judicial de um dado benefício, no caminho da progressão da pena. A maior crítica ao exame criminológico é a possibilidade de prognosticar, prevendo ou não, futuras reincidências criminosas em uma pessoa. Essa situação é notadamente imponderável que chega às raias da adivinhação, pois, mesmo havendo um estudo sobre os antecedentes plenos de uma pessoa, não é possível adivinhar o comportamento futuro de alguém.

A perspectiva útil do exame criminológico é a de fornecer um estudo prévio, realizado no ingresso do preso junto ao sistema prisional. Tal estudo constitui a forma de fornecer subsídios para uma correta individualização da pena, no decorrer da execução, mediante avaliação das Comissões Técnicas de Classificação, também previstas na Lei de Execução Penal. As comissões têm a função de estabelecer, para cada apenado, sua classificação e seu programa individualizador, sugerindo práticas, estudos e trabalhos no âmbito prisional, de forma a potencializar as possibilidades de reinserção futura do recluso, quando do seu retorno à sociedade.

Não se deve, porém, confundir o exame criminológico, que consiste em uma perícia técnica, com os pareceres das Comissões Técnicas de Classificação. Estes são mais abrangentes e, normalmente, utilizam-se dos exames e de outros estudos, bem como das análises de profissionais que acompanham o cotidiano do recluso (como Diretor, Chefe de Segurança e outros), para então avaliar as respostas do preso aos programas de ressocialização ofertados.

Também não se deve confundir o exame criminológico com os exames de sanidade mental.

6.4.5 Velocidades no Direito Penal

A chamada **teoria das velocidades do direito penal** foi proposta, inicialmente, por Jesús-María Silva Sánchez, jurista Espanhol contemporâneo. Este estudioso aborda os caminhos do Direito Penal, em toda a história humana, e aponta velocidades distintas na efetivação do direito de punir.

Não é uma teoria criminológica, mas uma análise histórica do fenômeno punitivo, a partir do Direito Penal. Entretanto, em face ao interesse revelado e à incidência em provas de concursos públicos, é importante entender seus postulados básicos.

- **1ª velocidade:** sistema clássico de Direito Penal, **retributivista**, com amplas garantias e maior formalismo – pena de prisão.

- **2ª velocidade:** sistema alternativo, **restaurativo**, com menos garantias e menor formalismo – penas alternativas à prisão.

- **3ª velocidade:** sistema de Guerra, Direito Penal do Inimigo, sem maiores garantias, pois sistema excepcional, de exceção, de Guerra – pena: medida de segurança detentiva.

Günther Jakobs sustenta o **Funcionalismo Sistêmico**, advogando que o Direito Penal tem a função primordial de proteger a norma e só indiretamente tutelar os bens jurídicos mais fundamentais

Características do Direito Penal do Inimigo, segundo Luiz Flavio Gomes:

- Quem é o inimigo? É aquele que se afasta de modo permanente do Direito e não oferece garantias cognitivas de que vai continuar fiel à norma (criminosos econômicos, terroristas, delinquentes organizados, autores de delitos sexuais e outras infrações perigosas).

- O inimigo não é pessoa – o indivíduo que não admite ingressar no estado de cidadania, não pode participar dos benefícios do conceito de pessoa.

- O inimigo não conta com direitos processuais ou um procedimento penal, mas sim um procedimento de guerra.
- O inimigo, ao infringir o contrato social, deixa de ser membro do Estado, está em Guerra contra ele (Rousseau).
- Em casos de alta traição contra o Estado, o criminoso não deve ser castigado como súdito, senão como inimigo (Hobbes).
- Direito Penal do Cidadão.
- Direito Penal do Inimigo.
- Direito Penal da Culpabilidade.
- Direito Penal da Periculosidade.
- Direito Penal Retrospectivo.
- Direito Penal Prospectivo.
- Direito Penal de Autor.
- Direito Penal do Fato.

Esse não é, propriamente, um sistema penal, mas possui manifestações avulsas em leis especiais.

Atenção!

Exemplos no Brasil:
- **Lei de Crimes Hediondos (Lei nº 8.072/1990):** não podem ter indulto individual ou coletivo, não podem ter progressão de regime.
- **Crime Organizado (antiga Lei nº 9.034/1995):** não permitia apelar em liberdade. Atualmente, a Lei nº 12.850/2013 não tem tal previsão.
- **Regime Disciplinar Diferenciado (RDD):** Lei de Execução Penal – art. 52 da Lei de Execução Penal.

7 SISTEMAS PENITENCIÁRIOS E INSTÂNCIAS DE CONTROLE

Pode-se dizer que a prisão, como punição e pena, como forma de retribuição pelo crime, é advento recente na história. Acredita-se que ela tenha surgido na transição para a Idade Moderna, sob influências do Direito Canônico e do Iluminismo. Antes, na Idade Média, a prisão não servia como pena, mas apenas como custódia provisória, como forma de retenção, enquanto o acusado aguardava pela pena, de fato. Esta, por sua vez, tinha características de intenso suplício físico e moral e, normalmente, resultava na morte do sentenciado.

A historiografia sobre o tema situa a Idade Moderna, por volta do século XVIII, como o nascimento da prisão, da pena de encarceramento. Tal momento histórico reflete também uma grande movimentação populacional, que migrava do campo para as cidades. As pessoas eram atraídas pelo desenvolvimento das indústrias. A mão de obra, todavia, não era totalmente absorvida pelas fábricas. Aqueles que não detinham a disciplina necessária para as atividades repetitivas, que se desenvolviam nas primeiras unidades fabris, acabavam, em vários casos, disciplinadas nos primeiros cárceres modernos.

Rusche e Kirchheimer afirmam, na obra *Punição e estrutura social*, que o surgimento da prisão moderna tem a ver com uma verdadeira "pré-fabrica", com a responsabilidade de domesticar a mão de obra indisciplinada, de maneira a transformá-los em corpos dóceis, obedientes e úteis (concepção defendida por Foucault, na clássica obra *Vigiar e Punir*).

Trata-se da passagem da prisão-custódia para a prisão-pena.

7.1 Sistemas penitenciários

7.1.1 Sistema Pensilvânico

Aproveitou as experiências anteriores ocorridas na Europa, a partir do século XVI e os ideais iluministas e reformadores, notadamente de Beccaria, Benthan e Howard.

A principal característica do Sistema Pensilvânico (adotado no estado americano da Pensilvânia) era o isolamento do preso em cela individual, com orações, silêncio e abstinência total de álcool. Originalmente adotado na penitenciária de Walnut Street, fundada em 1776 e sendo considerada como a primeira penitenciária norte-americana, não previa o Sistema Pensilvânico o trabalho do preso. No máximo, admitia algum trabalho na própria cela. Isso ocorreu a partir de 1829, com a inauguração da penitenciária Oriental (*Eastern State*), na cidade da Filadélfia, a qual funcionou até 1970 e, atualmente, é um museu.

Tal sistema, de isolamento absoluto do preso, que sequer recebia visita, fracassou por causa do efeito deletério e torturante que o isolamento e o silêncio causavam no encarcerado. Von Hentig chegou ao ponto de comentar a visita que o escritor Charles Dickens realizou na Eastern Penitenciary, em 1842, segundo o qual o encarcerado estava "enterrado em vida". O sistema celular também mereceu críticas de Ferri, por ser muito caro e ser extremamente desumano, uma vez que eliminaria a possibilidade de socialização do delinquente, em razão do absoluto isolamento vivenciado.

7.1.2 Sistema Auburniano

Admitia o trabalho comum entre os presos durante o dia, com isolamento em cela somente no período noturno. Por isso, teve maiores características socializantes. Todavia, há de se ressaltar que trabalho em comum devia transcorrer em silêncio (*silent system*).

Foi implantado na prisão de Auburn (1821), no estado de Nova York, a partir do fracasso do sistema de isolamento celular absoluto (Sistema Pensilvânico). Naquela unidade prisional, havia presos isolados, que permaneciam completamente segregados em celas individuais. Entretanto, alguns reclusos, tidos como menos incorrigíveis, eram isolados por três dias na semana, podendo trabalhar nos demais dias. Enquanto os outros, com maiores perspectivas de correção, ficavam isolados durante o período noturno, em celas individuais, mas durante o dia trabalhavam juntos em oficinas. Percebe-se, nessa situação, um início de individualização da pena.

Assim, não havia grandes diferenças entre o Sistema Pensilvânico e o Auburniano, pois ambos exigiam silêncio entre os presos e isolamento noturno. Entretanto, no Auburniano os presos eram reunidos, em silêncio, durante o dia, para trabalharem. Isso diminuía os custos de manutenção da unidade e disciplinava os presos para eventual aproveitamento posterior nas fábricas.

O Sistema Auburniano, considerado sem o silêncio e sem sua rigorosa disciplina, é a base dos sistemas progressivos que se seguiram.

7.1.3 Sistemas progressivos

A concepção básica de tais sistemas é a de possibilitar a divisão dos períodos de condenação, viabilizando a evolução gradativa no cumprimento da pena, em razão do comportamento do preso, possibilitando-se, inclusive, que parte da pena fosse cumprida junto à sociedade.

Assim, Maconochie, já no final do século XIX, na Austrália, modificou o sistema e passou a adotar a premiação de presos com bom comportamento, substituindo severidade por benignidade. Tal sistema de premiação, como forma de condicionar os comportamentos, foi chamado também de *Mark System* (sistema de vales) pelos ingleses.

A revolução dos sistemas progressivos foi permitir que o condenado influenciasse decisivamente na evolução da sua pena. O bom comportamento e a dedicação ao trabalho eram premiados mediante vales que, somados, poderiam repercutir em melhores condições para o sentenciado e, inclusive, na abreviatura dos períodos de cárcere.

É similar ao sistema de remição, adotado atualmente na Lei de Execução Penal brasileira, pelo qual o preso pode remir ("perdoar") parte da sua pena, através do trabalho e do estudo.

Atenção!

A **remição** é o perdão da pena, através do trabalho ou do estudo e está prevista na nossa Lei de Execução Penal.

Art. 126 O condenado que cumpre a pena em regime fechado ou semiaberto poderá remir, por trabalho ou por estudo, parte do tempo de execução da pena.

§ 1º A contagem de tempo referida no caput será feita à razão de:

I – 1 (um) dia de pena a cada 12 (doze) horas de frequência escolar - atividade de ensino fundamental, médio, inclusive profissionalizante, ou superior, ou ainda de requalificação profissional - divididas, no mínimo, em 3 (três) dias;

II – 1 (um) dia de pena a cada 3 (três) dias de trabalho.

O sistema progressivo idealizado por Maconochie dividia a pena em 3 fases:

- **Isolamento em cela:** era o chamado período de prova, em que o condenado permanecia enclausurado dia e noite, de forma a refletir sobre o delito cometido.
- **Trabalho em comum sob silêncio:** era a oportunidade de, progressivamente, trabalhar em silêncio durante o dia, em *public workhouse*, com segregação individual à noite. Transcorrido o tempo, sem punições e com acumulação dos vales, em sistema de débitos-créditos, o encarcerado poderia passar para a última fase da "liberdade condicional".
- **Liberdade condicional:** neste momento, o preso recebia autorização para trabalhar fora da unidade, sob vigilância. Passado o período sem nada que determinasse a revogação do benefício, ganhava a liberdade.

Ainda como Sistemas Progressivos, pode-se citar o **Sistema Progressivo Irlandês**, estabelecido por Walter Croftons, na Irlanda. Esse sistema tinha como inovação o estabelecimento de prisões intermediárias, como período entre o regime fechado e a liberdade condicional. Consistia em algo como o regime semiaberto, de hoje.

São 4 fases:

1. Reclusão celular diurna e noturna.
2. Reclusão celular noturna e trabalho durante o dia, em comum.
3. Período intermediário: era executado em prisões especiais, onde o preso laborava ao ar livre no exterior da unidade, normalmente em trabalhos agrícolas e podia receber alguma remuneração.
4. Liberdade Condicional.

Menciona-se, ainda, como um dos sistemas progressivos, o adotado por Manuel Montesinos e Molina, inicialmente no Presídio de Valência, na Espanha. Suplantou gradativamente os castigos físicos e deu grande importância às relações com os presos, impondo uma prática de respeito aos encarcerados, evitando castigos e medidas infamantes. Tinha grande confiança na possibilidade de recuperação do recluso e chegou a ter taxas zero de reincidência. Dava grande importância ao trabalho como forma de disciplinar o preso.

Montesinos era contrário ao regime celular. Chegou a admitir a concessão de autorizações de saída do preso, pelas mais variadas razões, e tinha como benéfica a integração ente grupos de presidiários. É tido por alguns como o responsável pela liberdade condicional, responsável por criar uma prática que foi um relevante antecedente da prisão em regime aberto.

Destaque-se que o Sistema Progressivo é o atualmente adotado em diversos países, como o Brasil. Nesse sistema, há o regime fechado; o semiaberto, no qual o preso trabalha normalmente em colônias penais, com menor rigor disciplinar; e o aberto, em que o recluso deixa a casa do albergado ou a própria casa, durante o dia, e se recolhe para dormir.

7.2 Instâncias de controle

O Estado tem atualmente o monopólio do direito de punir que é exercido através do Processo Penal e do Direito Penal. Assim, o Estado monopoliza, atualmente, o uso da força para a manutenção da ordem e da paz social. Restam ao indivíduo poucas alternativas de exercer, à força, suas pretensões, como no caso da legítima defesa, situação extremamente excepcional e regrada.

Atenção!

Entende-se em legítima defesa quem, usando moderadamente dos meios necessários, repele injusta agressão, atual ou iminente, a direito seu ou de outrem (art. 25 do CP).

Mas, na organização da sociedade, não é apenas o Estado que atua. **Aliás, a atuação do Estado na conformação social deve ser supletiva às instâncias informais ou sociais de controle.** O Direito e o Processo Penal devem ser utilizados apenas como último recurso (*ultima ratio*), para proteção dos direitos mais fundamentais da sociedade, como a vida, a liberdade sexual e a propriedade.

7.2.1 Instâncias informais

Buscam exercer controle sobre o comportamento de indivíduos e grupos em sociedade, como: a família, estrutura social básica e fundamental para a socialização primária do indivíduo; a escola, instância essencial de socialização e conhecimento sobre o funcionamento da sociedade. Também se pode mencionar o trabalho e a profissão, a opinião pública, os clubes e entidades associativas, as igrejas e demais congregações sociais. Tais esferas exercem um controle indireto sobre o cidadão, pois incutem, gradativamente, normas e regras de comportamento, de interação e aceitação social. também é dito que o controle informal é difuso ou vago.

7.2.2 Instâncias formais

Paralelamente às instâncias informais, há as instâncias formais de controle, que são coercitivas – aplicadas pelo Estado – e podem, inclusive, resultar na segregação do indivíduo, como é o caso das penas de prisão aplicadas a partir de crimes previstos no Código Penal. O controle formal é também chamado de institucionalizado.

Diz-se que o controle social formal é exercido pelas instâncias políticas do Estado, que aplicam alguma discricionariedade na seleção das condutas a serem punidas, uma vez que não conseguem apurar e identificar todos os desvios.

É denominado sistema de justiça penal ou criminal o exercício da pretensão punitiva através dos órgãos públicos de controle institucionalizado, como **Polícia, Ministério Público, Justiça** e **Prisão**.

Afirma-se, na doutrina, que a Polícia exerce a primeira seleção; esta é seguida da segunda seleção, capitaneada por parte do Ministério Público; já a terceira e final seleção fica a cargo da Justiça e do sistema prisional.

A Polícia, a partir da atividade de investigação (função repressiva) e, até mesmo, preventiva (rondas policiais) vai selecionar grupos, atividades e atitudes como prioritárias para incidência de apuração e controle. Ao exercer atividades de investigação, posteriores ao cometimento do delito, que é atividade precípua da denominada Polícia Judiciária/Polícia Investigativa (Polícia Civil e Federal), apuram-se a autoria e a materialidade do delito. Desse modo, busca-se evoluir de um juízo de possibilidade para um de probabilidade (prova) da existência de um crime, via inquérito policial ou termo circunstanciado.

Depois de identificados os critérios de materialidade e os indícios mínimos de autoria, com juízo de probabilidade, é a vez da seleção operada pelo órgão de acusação, ou seja, o Ministério Público (segunda seleção). Este tem como principal função exercer, com exclusividade, a ação penal pública, levando a investigação preliminar para julgamento.

Iniciada a ação penal, é a vez da terceira seleção delineada pelo Poder Judiciário, que, ao final da ação penal, vai decidir fundamentadamente sobre o juízo de certeza necessário para a condenação.

8 FATORES CONDICIONANTES E DESENCADEANTES DA CRIMINALIDADE

Conforme foi possível observar anteriormente, a Criminologia tem por objetos de estudo o crime, o criminoso, a vítima e o controle social. Pode-se dizer que todos esses objetos de análise da ciência criminológica podem ser fatores condicionantes e desencadeantes da criminalidade. Isso porque, inegavelmente, há circunstâncias que colaboram para os níveis de criminalidade em uma sociedade. Tais situações podem ser exemplificadas como: características do criminoso (como carências sociais, desemprego, agressividade); características da vítima (constituição física, estresse, traumas anteriores); situações aliadas à decisão política de punir, mediante escolha de condutas a serem reprimidas (definição de crimes – criminalização primária); a configuração, a efetividade e a estrutura das instâncias de controle.

Vejamos alguns desses fatores ou causas da criminalidade, destacando apenas os mais importantes.

Atenção!

Nenhum dos objetos de estudo da Criminologia, entretanto, é absoluto como gerador de criminalidade (etiologia). Todos esses objetos de estudo devem ser discutidos e examinados numa perspectiva relativa. Dificilmente, no estudo criminológico, vamos nos deparar com termos como: "certeza", "sempre" e "nunca".

O homem como fator de criminalidade: a Escola Positivista tinha como objeto de estudo predominante a figura do delinquente como maior explicação, como etiologia principal da criminalidade. Lembre-se de que Lombroso pesquisou características físicas que, segundo suas teses iniciais, explicariam tendências ancestrais para a prática de crimes e transgressões.

Verri, seguidor de Lombroso, negou que o homem fosse totalmente livre nas suas decisões criminosas, como afirmavam os adeptos da Escola Clássica. Esse autor alegou haver um determinismo que dirigia a conduta do agente. Ele demonstrou ainda que o meio social poderia desencadear processos agressivos e contrários a normas penais, cuja determinação já existiria na formação psíquica e fisiológica do indivíduo.

Atualmente, modernas escolas e teorias criminológicas demostram que, algumas vezes, a prática de crimes resulta de condições psicológicas e, até mesmo, psiquiátricas do delinquente (oligofrenias, abuso de álcool e drogas, doenças mentais etc.), consistentes nos modelos psicológicos. Ainda conforme as teorias estudadas, a prática de crimes pode ser decorrente de aspectos biológicos. É possível citar, como exemplo, os estudos desenvolvidos pelas teorias antropológicas, biopsicossociais, genéticas e endocrinológicas, por exemplo.

O homem, portanto, é uma medida importante de todo o estudo da criminalidade e não pode ser negligenciado. Além disso, modernamente, estuda-se a influência da vítima como fator que pode levar ao incremento ou à de diminuição de crimes, tendo, inclusive, papel ativo em alguns delitos.

> **Desenvolvimento social como fator desencadeante:** em que pese o homem ser um vetor importante da criminalidade, mesmo considerado isoladamente, é em sociedade que os crimes repercutem drasticamente. Por isso, é importante analisar o crime como um fenômeno social amplo e dinâmico.

Assim, pesquisas estatísticas vão demonstrar que, quanto maior o nível de desenvolvimento econômico igualitário de uma sociedade, menores serão os índices de crimes contra o patrimônio. Por exemplo, há sociedades desenvolvidas economicamente, em números absolutos, mas com uma distribuição desigual da renda. Por isso, possuem maior incidência de crimes patrimoniais.

Não é correto afirmar que existe uma relação direta entre pobreza e criminalidade. Há comunidades pobres, mas homogêneas, em que todos possuem as mesmas carências de meios, e são registrados poucos crimes patrimoniais. O problema, normalmente, são os contrastes sociais observados entre pobres e ricos, decorrentes de carências de igualdades materiais, de acesso à educação de qualidade, com reflexos no nível de emprego, saúde e lazer.

Também, dentre as classes mais abastadas, há cometimentos de crimes graves, denominados "crimes do colarinho branco". Normalmente, são motivados pela intensa competitividade social e pela ambição desenfreada, na busca por poder, dinheiro e reconhecimento social.

Como abordado anteriormente, as teorias ecológicas também registram a enorme influência da organização do espaço físico das cidades, como passíveis de contribuir com as taxas de criminalidade. Comunidades superpovoadas, desorganizadas e com precárias condições urbanísticas e sem espaços públicos de lazer e encontro, possuem maiores tendências na eclosão de crimes violentos, pois a falta de espaço e a decorrente disputa de um lugar geram inevitáveis conflitos.

De outro modo, bairros planejados ou reurbanizados, em que a presença do Estado como promotor do convívio social se faz constante, estabelecendo diversas opções de encontro, formação profissional, estudo e lazer aos moradores, auxiliando no desenvolvimento de todos, tem inegável efeito na dissuasão de crimes. O Estado tem que atuar no sentido de demonstrar que é aliado da sociedade, e não seu mero algoz. Neste sentido, é importante mencionar, também, o papel relevante dos líderes da sociedade. Estes devem se conduzir pelo exemplo límpido de predominância do interesse público, da transparência política e da não corrupção.

Além de tudo, políticas que deixam a resolução dos problemas da criminalidade apenas a cargo das Polícias sempre irão fracassar, pois a Polícia é apenas e tão somente uma das instituições de controle. Além disso, normalmente é uma das últimas a atuar sobre aqueles que não se submeteram às demais instâncias, formais e informais, de controle social.

É preciso recordar sempre que a Segurança Pública é dever do Estado, mas é direito e responsabilidade de todos (art. 144 da CF/1988).

FATORES CONDICIONANTES E DESENCADEANTES DA CRIMINALIDADE

Assim, pode-se afirmar que investimentos consistentes em educação e creches para todos terão influência direta na diminuição da criminalidade no médio e longo prazos. Investir mais em educação significa construir menos presídios no futuro. O problema é que investimentos em educação têm seus benefícios colhidos após longos períodos, no transcorrer da formação de uma geração de jovens.

> ▸ **Meios de comunicação de massa:** a opinião pública e os meios utilizados para a comunicação em grande escala, como televisão, rádio e internet, possuem intensa responsabilidade na transmissão de valores éticos e morais. Isso porque muitos cidadãos utilizam-se de tais meios para se informar sobre o funcionamento social e são drasticamente influenciados.

O incentivo ao consumo, proporcionado pelos meios de comunicação, através de propagandas, por exemplo, geram desejos e condicionamentos que podem repercutir em frustrações e resignações em algumas pessoas. Muitas delas conseguem conviver com a ideia de que jamais conseguirão o nível econômico para dispor de tais produtos. Todavia, o consumismo também pode incentivar a obtenção de um status social, através de práticas ilícitas.

Pode-se dizer que os meios de comunicação são instâncias informais de controle, pois podem condicionar comportamentos, através de seus programas e propagandas. Veja, por exemplo, que a proibição de propagandas sobre o consumo de cigarros e a criação de campanhas antitabagismo vêm contribuindo para uma redução no consumo de tais produtos.

Da mesma forma, o poder da influência das mídias se manifesta com campanhas maciças que advertem sobre a contradição entre o consumo de álcool e drogas e o ato de dirigir, ou ainda propagandas que alertam sobre o uso do cinto de segurança e de cadeirinhas para crianças. Todas estas campanhas se destinaram a prestar relevantes serviços em prol da melhoria da segurança pública.

Já filmes e programas que relativizam e enfraquecem o papel da família e das escolas na formação básica do indivíduo; que vulgarizam a duração dos relacionamentos; que romantizam o papel do criminoso; que pregam a violência gratuita contra o próximo e o sucesso a qualquer preço, servem para incentivar a falta de alteridade (respeito ao outro e à diversidade). Nota-se ainda que estas influências contribuem para a formação de uma sociedade niilista (sem valores).

> ▸ **Migrações populacionais:** consistem em movimentos populacionais, tanto de aspectos internos (dentro de um dado país), como externos entre países.

É denominado emigrante aquele que, por motivos diversos, resolve por fixar-se em outro país. Logo, em seu país de origem, será considerado emigrante. Já a ideia de imigrante refere-se ao mesmo fenômeno, mas, dessa vez, visualizado e entendido na ótica do país que recebe o estrangeiro. No país de destino, será considerado um imigrante.

Essas mudanças podem ser elementos propícios a desencadear fenômenos criminais, pelo decorrente choque entre as culturas que se encontram em um mesmo território. Por vezes, há tendências xenofóbicas, decorrentes também do incremento de disputas por empregos e por colocação social. Tais conflitos são normalmente verificáveis em momentos de graves crises sociais e políticas.

CRIMINOLOGIA
para concursos

É interessante ressaltar que dificilmente são constatadas movimentações internacionais significativas, quando as situações sociais e políticas no país de origem são adequadas. É o caso dos refugiados por guerras, dos imigrantes ilegais que buscam melhores condições de vida na Europa e Estados Unidos e que ficam à mercê de quadrilhas de atravessadores (como é o caso dos "coiotes" nos Estados Unidos e México).

Da mesma forma, a migração entre regiões de um mesmo país, normalmente decorrentes de oportunidades de emprego, podem repercutir em incremento da criminalidade. A explicação para isso pode se dar pela falta de adaptação, por diferenças de costumes, hábitos e valores, bem como pela ausência de amparo familiar e pela exploração do trabalho em condições degradantes.

> ▶ **Controle social como elemento criador da criminalidade:** conforme teorias já estudadas, como a do *labelling approach* (ou etiquetamento), a criminalidade constitui uma atribuição que se faz a uma determinada pessoa, através da criminalização primária (criação da lei penal, através de processo legislativo) e criminalização secundária, determinada a partir da atuação das agências de controle formal. Estas, quando não podem agir sobre todos os crimes que acontecem diariamente, acabam por selecionar algumas condutas e pessoas que seriam mais fáceis de criminalizar.

Também é possível estabelecer que o incremento nas atividades de Justiça Criminal, como a maior contratação de policiais, promotores e juízes, vai trazer como resultado maior apuração e punição dos crimes cometidos. Este fato, inclusive, incentiva as vítimas a notificarem os crimes, o que provoca a diminuição da denominada "cifra negra" da criminalidade. Tais atitudes repercutem diretamente na necessidade de maiores investimentos na última fase do Sistema de Justiça Criminal, que é a fase de execução das penas, com a construção de penitenciárias e gestão pública das unidades, de forma a não incentivar a união de presos em associações criminosas como Primeiro Comando da Capital (PCC) e Comando Vermelho.

9 PREVENÇÃO DO DELITO

A noção de prevenir é comum e consiste em antecipar-se ao cometimento ou ocorrência de algo indesejável. O crime, em que pese uma manifestação social inevitável, em muitas situações, pode ser evitado. Assim, a prevenção de delitos consiste no estudo de políticas e medidas que objetivem a antecipação ao cometimento do crime.

9.1 Prevenção primária

A prevenção primária é, sem dúvida, a **mais importante** e **genuína**, pois **ataca as raízes da criminalidade** e consiste em propiciar **educação de qualidade, moradia digna, trabalho, lazer e bem-estar social**, resolvendo questões básicas para a vivência humana. Estas atitudes vão proporcionar – a médio e longo prazo – soluções estabilizantes para manter os índices de criminalidade em níveis de normalidade. Infelizmente, é a prevenção mais negligenciada politicamente, pois seus efeitos concretos somente são sentidos após longa aplicação de seus paradigmas.

Como bem acentua Pablos de Molina:

> [...] Disso advêm suas limitações práticas, porque a sociedade sempre procura e reclama por soluções a curto prazo e costuma lamentavelmente identificá-las com fórmulas drásticas e repressivas. E os governantes tampouco demonstram paciência ou altruísmo, ainda mais quando oprimidos pela periódica demanda eleitoral e o interessado bombardeio propagandístico dos forjadores da opinião pública. Poucos estão dispostos a envidar esforços e solidariedade para que outros, no futuro, desfrutem de uma sociedade melhor ou usufruam daquelas iniciativas assistenciais [...].

9.2 Prevenção secundária

A prevenção secundária é aquela que **ataca o problema**, as **causas (etiologia) da criminalidade**, após os problemas começarem a ter manifestações práticas, ou seja, após o crime se manifestar. A prevenção secundária ataca as causas mais próximas, sem maiores preocupações com a origem do problema, pois sua perspectiva de atuação é de curto e médio prazos. Tal prevenção liga-se diretamente a decisões políticas sobre a criminalização de condutas e está relacionada à atividade policial e ao Sistema de Justiça Criminal. Vai preceituar, por exemplo, o aumento das penas e novas leis penais. Não atacam a gênese remota da criminalidade, normalmente decorrente de carências econômicas educacionais e familiares. ao menos para os delitos patrimoniais tradicionais.

9.3 Prevenção terciária

A prevenção terciária é a que atua sobre o preso, de modo a evitar que ocorra a reincidência. Das três, é a que possui **maiores características punitivas** e **menores chances de sucesso**. Isso porque o problema criminal, neste momento, já se encontra enraizado, tanto intrinsecamente no delinquente, quanto socialmente, na visão que a comunidade passa a ter sobre o criminoso, que, agora, está marcado pela prisão. Tenta-se, nesta fase, reabilitar ou ressocializar alguém que já passou pelas demais "prevenções" anteriores. Esse indivíduo, é preciso frisar, já tem caráter formado e possui uma concepção de vida. Provavelmente, foi socializado de forma deficiente e teve, como possível histórico, uma família instável, uma escolarização precária. Posteriormente, é possível que tenha sofrido com o desemprego ou com o subemprego, ou possuiu passagens policiais e judiciais, com poucas esperanças de sucesso. É, portanto, uma intervenção tardia.

É importante destacar que, para o êxito das atividades preventivas, é importante mesclar os três aspectos da prevenção. Isso deve ocorrer tanto na prevenção remota, com investimentos econômicos e sociais, passando pela atuação efetiva e integrada das estruturas de Justiça Criminal e de controle social formalizado. Tudo isso culminaria no oferecimento de condições mínimas de ressocialização para aquele que já delinquiu e está cumprindo a pena, evitando-se, ao máximo, o fenômeno da reincidência.

9.4 Reação social ao delito

Quando é cometida uma infração penal, o Estado é o titular do direito de punir. Nesse sentido, surge, compulsoriamente, uma reação social (capitaneada pelo Estado) catalogada segundo três paradigmas básicos: modelo dissuasório, modelo ressocializador e modelo integrador.

9.4.1 Modelo dissuasório (Direito Penal ordinário ou clássico)

Este modelo se refere à prevenção operada a partir da punição do criminoso. A ideia é demonstrar a todos os membros da comunidade que o crime não compensa e que tem como decorrência o castigo da pena.

9.4.2 Modelo ressocializador

Aplica a pena e a punição, mas procura também oferecer oportunidades de reinserção social. Tem como principal objetivo a reinserção social do infrator, buscando neutralizar os efeitos deletérios da prisão e do castigo.

9.4.3 Modelo integrador (restaurador)

Visa restabelecer, dentro do possível e da melhor maneira, o status quo anterior ao delito. Esse modelo é também denominado "justiça restaurativa" e tem como exemplos a "composição do dano" e a "transação penal". Tais exemplos estão propostos na Lei dos Juizados Especiais Criminais (Lei nº 9.099/1995), a qual confere mais protagonismo à vítima.

Esse modelo busca, ainda, satisfazer expectativas mais amplas, a partir do cometimento de um crime. Promove a aplicação da conciliação do conflito e pretende evitar novas incidências, harmonizando as expectativas de todas as partes envolvidas no crime.

9.5 Teorias sobre as funções da pena

Para muitos doutrinadores e pensadores do Direito e da sociedade, prevenir o crime significa dissuadir (não incentivar) o infrator potencial, com a ameaça do castigo criminal, de modo a desmotivar o desafio às normas penais. Outros afirmam que a pena deve ter

PREVENÇÃO DO DELITO

como finalidade a ressocialização do delinquente. A seguir, estudaremos as principais teorias construídas para justificar a pena.

9.5.1 Teorias absolutas ou retributivas sobre as funções da pena

A concepção da pena como retribuição é antiga e remonta à própria Lei de Talião ("olho por olho, dente por dente"). Durante os Estados Absolutistas, teve seu apogeu e início de superação pelos ideais Iluministas. Estes ideais, mesmo timidamente, sugerem também um prenúncio da ideia de pena, também observada como forma prevenção ao crime. Vejamos os principais teóricos, a partir da classificação sugerida por Cezar Roberto Bitencourt: Kant e Hegel.

- ▸ **Kant:** a pena fundamentava-se na ideia ética, sendo obrigação do soberano castigar impiedosamente todo aquele que descumpre a lei. Para o filósofo russo, a lei era um imperativo categórico, um mandamento, cuja observação era compulsória. Embora defendesse a aplicação impiedosa da pena, limitava e modulava a retribuição pela Lei de Talião. Explicitava, ainda, que a determinação da pena deveria ficar a cargo de um Tribunal, e não do particular.

- ▸ **Hegel:** também retribucionista, o fundamento consiste na violação do Direito e da ordem jurídica. O crime, para este estudioso, é a negação do Direito. Assim, a pena representa a reafirmação do Direito ou a "negação da negação do Direito". Na sua concepção, a pena não constitui apenas um mal, por si só, aplicado ao infrator. Segundo esse pensador, a pena deve fazer parte da própria restituição do Direito, no sentido de conferir o tratamento adequado e justo ao criminoso, que é honrado com a entrega da punição, à qual tem direito. É possível perceber que Hegel também acreditava no conteúdo talional da pena, concepção própria do retribucionismo.

Outros grandes pensadores do Direito também explicavam e justificavam a pena como retribuição ao mal causado, como Carrara, Binding e Mezger. Convém destacar que a ideia da pena como retribuição também tem fundamentos na doutrina cristã, que apregoa a penitência, o castigo (pena), como a paga pelo pecado cometido.

9.5.2 Teorias relativas ou preventivas sobre as funções da pena

Os defensores da pena com função preventiva fundamentam a previsão e a aplicação das penalidades como uma forma de evitar novos crimes

Para os adeptos da prevenção geral (como **Bentham, Beccaria, Schopenhauer** e **Feuerbach**, dentre outros) a pena seria uma ameaça de punição capaz de influenciar comportamentos futuros.

- ▸ **Feuerbach:** cunhou a teoria da função da pena como "coação psicológica". Ele sustentou a ideia de que, mediante a ameaça abstrata de aplicação da pena e a comunicação aos cidadãos, juntamente com a aplicação efetiva da pena, cominada a incidir exemplarmente sobre os delinquentes, o efeito de coação sobre o homem médio seria alcançado. Para Feuerbach, tais atitudes objetivavam impedir novas práticas criminosas, por meio do exemplo, pela coação psicológica que a simples ameaça de punição ocasionaria.

Com efeito, os adeptos de que a pena exerceria uma prevenção geral na sociedade, acreditam que a mera previsão abstrata de eventual aplicação da pena, em caso de uma transgressão, seria passível de fazer com que as pessoas se abstivessem de cometer crimes. A mera ameaça da pena produziria uma desmotivação íntima ao cometimento de crimes. Assim, pensa-se a pena com um efeito pedagógico e educativo, geral para todos os membros da comunidade.

- **Prevenção geral negativa ou prevenção por intimidação:** consiste no efeito geral de intimidação que o sentimento e a materialização da aplicação da pena, em determinado autor do delito, ocasionam e refletem na comunidade.

- **Prevenção geral positiva (integradora):** aquela que projeta seus valores para toda a sociedade. Esta forma de prevenção alerta sobre a necessidade de respeito às normas e aos valores mais importantes.

- **Prevenção especial:** consiste em uma tentativa de se evitar a prática delitiva. Ao contrário de incidir sobre todos, ela está limitada a dissuadir o delinquente, com o objetivo de que ele não volte a cometer crimes.

Os defensores e teóricos da pena como prevenção especial são **Marc Ancel**, com a Nova Defesa Social, a corrente Correcionalista Espanhola e, remotamente, cita-se também o pensamento de Von Liszt. Este último concebeu a aplicação da pena com ideário de **ressocialização do delinquente**, mas também de intimidação dos passíveis de mera coação moral, como forma de neutralizar os incorrigíveis.

A **prevenção especial**, operada pela pena, busca não a coerção ou intimidação de todos os membros de uma determinada sociedade. Tampouco, essa prevenção não possui a ideia de simples retribuição. Ela deve objetivar apenas corrigir aquele que violou a norma, de forma que não volte mais a cometer crimes. Caso a correção não se viabilize, deve-se buscar, então, segregar o delinquente, de modo a afastar do convívio social os homens "maus".

A prevenção especial se divide em duas formas:

- **Prevenção especial negativa:** é aquela que opera no grau de inocuização (segregação) ou neutralização daqueles que necessitam de segregação social. Neste sentido, o Regime Disciplinar Diferenciado, previsto na Lei de Execução Penal, é um exemplo de prevenção especial negativa, pois visa a um maior isolamento daquele preso com péssimo histórico prisional.

- **Prevenção especial positiva:** é o aspecto individual e psicológico que atua sobre o delinquente, de modo a fazê-lo desistir de cometer novos delitos, a reincidir, portanto.

O Regime Disciplinar Diferenciado está previsto no art. 52 da Lei de Execução Penal:

Art. 52 A prática de fato previsto como crime doloso constitui falta grave e, quando ocasione subversão da ordem ou disciplina internas, sujeita o preso provisório, ou condenado, sem prejuízo da sanção penal, ao regime disciplinar diferenciado, com as seguintes características:

I – duração máxima de trezentos e sessenta dias, sem prejuízo de repetição da sanção por nova falta grave de mesma espécie, até o limite de um sexto da pena aplicada;

II – recolhimento em cela individual;

III – visitas semanais de duas pessoas, sem contar as crianças, com duração de duas horas;

IV – o preso terá direito à saída da cela por 2 horas diárias para banho de sol.

§ 1º O regime disciplinar diferenciado também poderá abrigar presos provisórios ou condenados, nacionais ou estrangeiros, que apresentem alto risco para a ordem e a segurança do estabelecimento penal ou da sociedade.

§ 2º Estará igualmente sujeito ao regime disciplinar diferenciado o preso provisório ou o condenado sob o qual recaiam fundadas suspeitas de envolvimento ou participação, a qualquer título, em organizações criminosas, quadrilha ou bando.

9.5.3 Teoria mista, eclética ou unificadora sobre as funções da pena

Para os adeptos da teoria unificadora, os fins da pena são tanto a retribuição, como a prevenção, quer especial ou geral, negativa ou positiva. Todos estes aspectos são singulares de um mesmo fenômeno, qualquer que seja a pena.

Adolf Merkel foi, na Alemanha, o principal representante de tal teoria, iniciada a partir do século XX.

A Lei de Execução Penal brasileira é influenciada pela teoria unificadora, mista ou eclética, pois busca tanto a retribuição como a humanização do preso, conforme se vê do art. 1º da lei.

10 POLÍTICAS DE SEGURANÇA PÚBLICA E SERVIÇOS PENAIS NO ESTADO DEMOCRÁTICO DE DIREITO E PARTICIPAÇÃO SOCIAL

Serão analisadas algumas políticas públicas formuladas no sentido de se garantir mais democracia na atuação policial. Serão também conhecidas as entidades instituídas para este mesmo fim.

10.1 1ª Conferência Nacional de Segurança Pública (1ª Conseg)

A 1ª Conferência Nacional de Segurança Pública (1ª Conseg) buscou mobilizar toda a sociedade para discutir a participação popular na segurança. Idealizada em 2008 e desenvolvida em 2009, por parte do Ministério da Justiça, propôs, basicamente, uma discussão democrática sobre segurança pública. após várias etapas municipais e regionais, teve seu ápice na conferência nacional, realizada em Brasília/DF, em agosto de 2009.

O que se vê a seguir é um resumo das principais discussões e características da Conseg, obtido a partir do relatório final da conferência.

Os membros da Comissão Organizadora Nacional da 1ª Conseg foram congregados em uma proporção de 40% de representantes da sociedade civil, 30% de trabalhadores e 30% de gestores da área de Segurança Pública. A concepção do projeto possuiu a ideia de que discutir segurança pública é, mais do que nunca, falar dos de dois eixos fundamentais presentes no texto inicial da conferência: respeito aos direitos humanos e valorização dos profissionais de segurança pública, responsáveis por prevenir e reprimir violência e crime no brasil.

Os objetivos da 1ª Conseg foram:

- **Objetivo geral**
    - » Definir princípios e diretrizes orientadores da política nacional de segurança pública, com participação da sociedade civil, trabalhadores e poder público como instrumento de gestão, visando efetivar a segurança como direito fundamental.
- **Objetivos específicos**
    - » Fortalecer o conceito de segurança como direito humano.
    - » Definir as prioridades para a implementação da política nacional de segurança pública, conforme os eixos temáticos.

POLÍTICAS DE SEGURANÇA PÚBLICA E SERVIÇOS PENAIS

» Contribuir para o fortalecimento do Sistema Único de Segurança Pública (Susp), tornando-o um ambiente de integração, cooperação e pactuação política entre as instituições e a sociedade civil com base na solidariedade federativa.

» Contribuir para a implementação do Programa Nacional de Segurança Com Cidadania (Pronasci) e para valorização do conceito de segurança com cidadania entre os estados e municípios.

» Promover, qualificar e consolidar a participação da sociedade civil, trabalhadores e poder público no ciclo de gestão das políticas públicas de segurança.

» Fortalecer os eixos de valorização profissional e de garantia de direitos humanos como estratégicos para a política nacional de segurança pública.

» Criar e estimular o compromisso e a responsabilidade para os demais órgãos do poder público e para a sociedade, na efetivação da segurança com cidadania.

» Deliberar sobre a estratégia de implementação, monitoramento e avaliação das resoluções da 1ª conferência nacional de segurança pública, bem como recomendar a incorporação dessas resoluções nas políticas públicas desenvolvidas pelos estados, municípios e outros poderes.

Foram sete os eixos temáticos da 1ª Conseg:

Eixo 1	Gestão democrática: controle social e externo, integração e federalismo.
Eixo 2	Financiamento e gestão da política pública de segurança.
Eixo 3	Valorização profissional e otimização das condições de trabalho.
Eixo 4	Repressão qualificada da criminalidade.
Eixo 5	Prevenção social do crime e das violências e construção da cultura de paz.
Eixo 6	Diretrizes para o sistema penitenciário.
Eixo 7	Diretrizes para o sistema de prevenção, atendimentos emergenciais e acidentes.

Muito importante no âmbito da 1ª Conseg foi a concepção de que a segurança pública deveria ser uma política de Estado que proporcionasse autonomia administrativa, financeira, orçamentária e funcional das instituições envolvidas, nos três níveis de governo. incluem-se, ainda, a descentralização e a integração sistêmica do processo de gestão democrática, transparência na publicidade dos dados, consolidação do Susp e do Pronasci.

Também foi destacada a defesa da dignidade da pessoa humana, com valorização e respeito à vida e à cidadania. Enfatizou-se a necessidade de proporcionar atendimento humanizado a todas as pessoas, com respeito às diversas identidades religiosas, culturais, étnico-raciais, geracionais, de gênero, orientação sexual e as das pessoas com deficiência.

Fomentou-se, também, um ideário de cultura da paz, combatendo-se a criminalização da pobreza, da juventude, dos movimentos sociais e de seus defensores. Valorizou-se a busca pelo reconhecimento jurídico-legal, da importância do município como cogestor da área, no sentido de sua atuação na prevenção social do crime e das violências.

A 1ª Conseg admitiu que as discussões e as práticas sobre a segurança pública devem ser multidisciplinares e transversais. Reconheceu-se a sua necessária integração com políticas sociais, sobretudo na área da educação, como forma de prevenção da violência e da criminalidade. Reconheceu-se que os fenômenos de violência e de criminalidade têm origem multicausal (causas econômicas, sociais, políticas, culturais etc.) E que a competência de seu enfrentamento não pode ser de responsabilidade exclusiva dos órgãos de segurança pública. Desse modo, a polícia é entendida como apenas uma das forças que deve ser mobilizada para a diminuição da violência, e não a única responsável pela diminuição das estatísticas de violação e criminalidade.

A Conferência reconheceu, ainda, a necessidade de reestruturação do sistema penitenciário, de modo a torná-lo mais humanizado e respeitador das identidades, com capacidade efetiva de ressocialização dos apenados. No sentido de garantir legitimidade e autonomia na sua gestão, o sistema penitenciário deve privilegiar formas alternativas à privação da liberdade, bem como incrementar as estruturas de fiscalização e de monitoramento.

Também destacou o necessário papel de fortalecimento da família como garantidora da cidadania e de condições essenciais para a prevenção da violência. É a entidade familiar que proporciona a socialização primária, fundamental para a entrada plena do cidadão na sociedade.

Atenção!

O Programa das Nações Unidas para o Desenvolvimento (PNUD) enfoca o conceito de segurança pública como uma segurança humana, de proteção à pessoa contra todas as fontes possíveis de insegurança pessoal, daquilo que é mínimo para a existência digna do ser humano. O PNUD vem, desde a década de 1990, reunindo conhecimentos e as melhores práticas colhidas, no mundo todo, de modo a consolidar um modelo de segurança baseado em uma abordagem multidisciplinar e integrada de políticas públicas, o que se convencionou chamar de "Segurança Cidadã".

10.2 Secretaria Nacional de Segurança Pública (Senasp/MJ)

Foi criada pelo Decreto nº 2.315/1997, sendo subordinada ao Ministério da Justiça. Foi sucessora da antiga Secretaria de Planejamento de Ações Nacionais de Segurança Pública (Seplanseg), de 1995.

Atualmente, são atribuições da Secretaria Nacional de Segurança Pública:

I – assessorar o Ministro de Estado na definição, implementação e acompanhamento da Política Nacional de Segurança Pública e dos Programas Federais de Prevenção Social e Controle da Violência e Criminalidade;

POLÍTICAS DE SEGURANÇA PÚBLICA E SERVIÇOS PENAIS

II – planejar, acompanhar e avaliar a implementação de programas do Governo Federal para a área de segurança pública;

III – elaborar propostas de legislação e regulamentação em assuntos de segurança pública, referentes ao setor público e ao setor privado;

IV – promover a integração dos órgãos de segurança pública;

V – estimular a modernização e o reaparelhamento dos órgãos de segurança pública;

VI – promover a interface de ações com organismos governamentais e não governamentais, de âmbito nacional e internacional;

VII – realizar e fomentar estudos e pesquisas voltados para a redução da criminalidade e da violência;

VIII – estimular e propor aos órgãos estaduais e municipais a elaboração de planos e programas integrados de segurança pública, objetivando controlar ações de organizações criminosas ou fatores específicos geradores de criminalidade e violência, bem como estimular ações sociais de prevenção da violência e da criminalidade;

IX – exercer, por seu titular, as funções de Ouvidor-Geral das Polícias Federais;

X – implementar, manter e modernizar o Sistema Nacional de Informações de Justiça e Segurança Pública - INFOSEG;

XI – promover e coordenar as reuniões do Conselho Nacional de Segurança Pública;

XII – incentivar e acompanhar a atuação dos Conselhos Regionais de Segurança Pública;

XIII – coordenar as atividades da Força Nacional de Segurança Pública.

10.3 Força Nacional de Segurança Pública (FNSP)

Criada em 2004 e subordinada à Secretaria Nacional de Segurança Pública/MJ (Senasp), é integrada por policiais militares, bombeiros, policiais civis e peritos de vários estados da federação. Esses profissionais são cedidos pelos Governos Estaduais ao Poder Executivo federal, sob o apanágio do Ministério da Justiça que, após nivelamento de doutrina, viabiliza a atuação da FNSP nos mais recônditos rincões do território nacional.

O objetivo da FNSP é o de atender aos pedidos expressos dos governadores de estado ou até mesmo de outras Autoridades Federais, quando da necessidade de incrementar ações de segurança pública, sempre em respeito ao pacto federativo.

O órgão visa atender às necessidades emergenciais dos estados, em questões nas quais se fizer necessária a interferência decisiva do poder público. A FNSP age ainda em situações em que for detectada a urgência de reforço na área de segurança, sempre por períodos determinados e passíveis de prorrogações.

Uma importante atitude adotada pela Senasp foi a criação do Sistema Nacional de Informações de Segurança Pública, Prisionais e Sobre Drogas (Sinesp). Este sistema consiste em um portal de informações integradas, em parceria com os entes federados, o qual consultas estatísticas, operacionais, investigativas e estratégicas, relacionadas a drogas, segurança pública, justiça criminal, sistema prisional, entre outras.

O Sinesp constitui-se de importante medida estatística, que pode subsidiar diagnósticos de criminalidade, formulação e avaliação de políticas de segurança pública e promover a integração nacional de informações de forma padronizada.

Dentro do site do Sinesp é acessar o módulo Sinesp Cidadão, que consiste em um módulo do Sistema Nacional de Informações de Segurança Pública, Prisionais e sobre Drogas, o Sinesp, que permite acesso direto pelo cidadão aos serviços da Secretaria Nacional de Segurança Pública do Ministério da Justiça. Por ele, é possível a qualquer cidadão, inclusive a partir de celulares, consultar veículos, verificando eventual apontamento de roubo ou furto, bem como consultar mandados de prisão aguardando cumprimento e vigentes, com base no Banco Nacional de Mandados de Prisão (BNMP) do CNJ.

A iniciativa confirma a ideia de que a segurança pública é uma responsabilidade de todos, de modo a oferecer abertura à população sobre relevantes informações criminais. O aplicativo enfatiza que o cidadão deve procurar a Polícia para as ações decorrentes da localização de um foragido ou de um veículo roubado.

10.4 Gabinete de Gestão Integrada (GGI)

Foi idealizado no âmbito do Sistema Único de Segurança Pública (Susp). Teve o objetivo de ser espaço de interlocução entre as instituições do sistema de justiça criminal e os órgãos de segurança pública, debatendo e propondo ações visando à redução da violência e da criminalidade. Trata-se de um fórum deliberativo e executivo, que atua em consenso e sem hierarquia, garantindo respeito à autonomia de cada um dos órgãos que o compõem. Existem Gabinetes de Gestão Integrada estaduais, municipais, distrital, de fronteira e regionais.

Podem atuar ouvindo as demandas prioritárias da comunidade, a partir da promoção de audiências públicas, com líderes comunitários. O objetivo é o de difundir a filosofia de gestão integrada em segurança pública, a partir da elaboração de um planejamento estratégico das ações a serem executadas em âmbito local.

Cabe aos GGIs auxiliar na implementação das políticas vinculadas ao Plano Nacional de Segurança Pública e aos planos estaduais, distrital e municipais. Com isso, pretende-se que se crie e se alimente uma rede de intercâmbio e de troca de informações, experiências e propagação das melhores práticas de gestão. Tais atitudes contribuem para a construção de indicadores que possam medir a eficiência do sistema de segurança pública.

10.5 Conselho Nacional de Segurança Pública (Conasp)

É o órgão colegiado de cooperação técnica entre os entes federativos, no combate à criminalidade, subordinado diretamente ao Ministro da Justiça. Tem como principais finalidades a formulação da Política Nacional de Segurança Pública.

O Conasp segue o modelo tripartite, composto por membros da sociedade civil, gestores e trabalhadores da área de segurança pública. O conselho tem 9 conselheiros governamentais, 9 representantes de entidades dos servidores da segurança pública e outros 12 representantes de entidades e organizações da sociedade civil, cuja finalidade seja relacionada com as políticas de segurança pública.

Os representantes governamentais serão designados pelo Ministro da Justiça, e os demais serão eleitos mediante processo aberto a todas as entidades e organizações, cuja finalidade seja relacionada com as políticas de segurança pública, conforme convocação pública e critérios objetivos previamente definidos pelo Conasp.

Ao Conselho Nacional de Segurança Pública (Conasp) compete conforme Decreto nº 7.413/2010:

> *I – atuar na formulação de diretrizes e no controle da execução da Política Nacional de Segurança Pública;*
>
> *II – estimular a modernização institucional para o desenvolvimento e a promoção intersetorial das políticas de segurança pública;*
>
> *III – desenvolver estudos e ações visando ao aumento da eficiência na execução da Política Nacional de Segurança Pública;*
>
> *IV – propor diretrizes para as ações da Política Nacional de Segurança Pública e acompanhar a destinação e aplicação dos recursos a ela vinculados;*
>
> *V – articular e apoiar, sistematicamente, os Conselhos de Segurança Pública dos Estados, do Distrito Federal e dos Municípios, com vistas à formulação de diretrizes básicas comuns e à potencialização do exercício das suas atribuições legais e regulamentares;*
>
> *VI – propor a convocação e auxiliar na coordenação das Conferências Nacionais de Segurança Pública e outros processos de participação social, e acompanhar o cumprimento das suas deliberações;*
>
> *VII – estudar, analisar e sugerir alterações na legislação pertinente; e*
>
> *VIII – promover a integração entre órgãos de segurança pública federais, estaduais, do Distrito Federal e municipais.*

10.6 Estratégia Nacional de Justiça e Segurança Pública (Enasp)

Foi constituída em 2010, por ato do ministro de Estado da Justiça, do presidente do Conselho Nacional do Ministério Público e do presidente do Conselho Nacional de Justiça. Tem como objetivos planejar e implementar a coordenação de ações e metas nas áreas de justiça e segurança pública, em âmbito nacional, que exijam a conjugação articulada de esforços dos órgãos envolvidos.

A Enasp foi criada a partir da necessidade de planejamento conjunto de ações. Objetivou ainda a adoção de estratégias comuns pelos órgãos que compõem o sistema de justiça e de segurança pública, de modo que as ações estivessem voltadas para a plena eficácia dos programas desenvolvidos. A Enasp é instrumento, portanto, de efetivação da articulação transversal dos órgãos públicos para a consecução de fins específicos e comuns. Ela reúne representantes dos Poderes Executivo, Legislativo e Judiciário, do Ministério Público, da advocacia pública e privada, da Defensoria Pública, tanto em âmbito federal, quanto estadual.

Como estratégias de segurança integrada com o Judiciário, Ministério Público, Defensorias, para 2010 e 2011, foram selecionadas, a título de exemplo, as seguintes ações: dar maior efetividade na apuração de homicídios; erradicar carceragens em delegacias e criar um cadastro único de mandados de prisão. Atualmente, tal cadastro está no Banco Nacional de Mandado de Prisão, constante e aberto para consultas de quaisquer cidadãos.

10.7 Sistema Único de Segurança Pública (Susp)

O Sistema Único de Segurança Pública (Susp) ainda é um projeto de lei que tramita no Congresso Nacional, sob o nº 3.734/2012. Em que pese ainda não estar convolado em lei, algumas das medidas elencadas no presente capítulo fazem parte de iniciativas políticas que buscam articular as ações federais, estaduais e municipais, na área da segurança pública e da Justiça Criminal, ainda muito dispersas e pouco articuladas. É muito usual, na segurança pública, a atuação dispersa e solitária das forças policiais, com prejuízo ao enfrentamento da questão criminal.

Criou-se, pelo projeto, no âmbito do Ministério da Justiça, o Susp, que deverá planejar, orientar e executar as ações de segurança pública em todo o território nacional, com o objetivo de garantir a eficiência das atividades policiais. O SUSP será integrado pelos órgãos mencionados no art. 144 da Constituição Federal de 1988 e pela Força Nacional de Segurança Pública (FNSP) que poderão atuar, em conjunto ou isoladamente, nas rodovias, ferrovias e hidrovias federais, estaduais ou distritais, no âmbito de suas respectivas atribuições.

Do projeto que está sendo discutido no Congresso Nacional, mas já é praticado a partir de normas e regulamentos, junto ao Ministério da Justiça e Senasp, é importante destacar os seguintes tópicos:

- ▸ O Susp busca uma visão democrática da segurança pública, dever do Estado, direito e responsabilidade de todos, exercida para a preservação da ordem pública e para a garantia dos direitos fundamentais, individuais e coletivos da pessoa humana". Os termos "ordem pública" e "garantias fundamentais" passam a ser completamente relacionados.

Como princípios de atuação dos órgãos policiais destacam-se no projeto do Susp:

- ▸ Proteção dos direitos humanos.
- ▸ Respeito aos direitos fundamentais e promoção da cidadania e da dignidade da pessoa humana.
- ▸ Resolução pacífica de conflitos.
- ▸ Uso proporcional da força.
- ▸ Eficiência na prevenção e repressão das infrações penais.
- ▸ Eficiência nas ações de prevenção e redução de desastres.
- ▸ Participação comunitária.

Ainda como diretrizes fundamentais tem-se que a segurança pública deverá ser prestada com observância das seguintes prioridades:

- ▸ Atendimento imediato ao cidadão.
- ▸ Planejamento estratégico e sistêmico.
- ▸ Integração dos órgãos e instituições da segurança pública.
- ▸ Unidade de comando.
- ▸ Coordenação por cooperação e colaboração.
- ▸ Distribuição proporcional do efetivo policial.

POLÍTICAS DE SEGURANÇA PÚBLICA E SERVIÇOS PENAIS

- ▸ Deontologia policial comum.
- ▸ Utilização de métodos e processos científicos.
- ▸ Unidade de registro de ocorrência policial e procedimentos apuratórios.
- ▸ Uso de sistema integrado de informações e dados eletrônicos.
- ▸ Responsabilidade territorial.
- ▸ Qualificação para gestão e administração de conflitos.
- ▸ Prevenção e preparação para emergências e desastres e recuperação das áreas atingidas.
- ▸ Técnicas adequadas de controle de distúrbios civis.

A ideia do Susp é forjar uma articulação que não viole a autonomia dos estados federados. Não se trata de unificação, mas de integração prática entre os principais responsáveis pelo serviço de segurança. O sistema é único, mas as instituições que farão parte dele são diversas e autônomas, cada uma cumprindo suas responsabilidades. Servem de modelo para o Susp as experiências de missões especiais e forças-tarefa, em que órgãos diferentes trabalham integrados, com pessoal qualificado, e objetivos, metas e metodologia bem definidos.

Resumidamente e conforme informações da Senasp/MJ, é possível informar os principais eixos do Susp:

- ▸ **Gestão unificada da informação:** uma central vai receber todas as demandas na área de segurança pública. A coleta de informações deverá auxiliar na redução da violência e na prevenção ao crime.
- ▸ **Gestão do sistema de segurança:** delegacias com perícia, polícia civil e polícia militar deverão ser implantadas para cuidar de determinadas áreas geográficas das cidades.
- ▸ **Formação e aperfeiçoamento de policiais:** os policiais civis e militares serão treinados em academias integradas. A Secretaria Nacional de Segurança Pública tem um setor de formação e aperfeiçoamento que já está trabalhando nos currículos das academias para definir o conteúdo desses cursos de formação, que levarão em conta sempre a valorização do profissional.
- ▸ **Valorização das perícias:** essa fase da investigação dos crimes receberá atenção especial.
- ▸ **Prevenção:** ações concretas para a prevenção e redução da violência nos Estados serão prioritárias. A Polícia Comunitária terá papel fundamental nesse processo.
- ▸ **Ouvidorias independentes e corregedorias unificadas:** serão criados órgãos para receber as reclamações da população e identificar possíveis abusos da ação policial. A corregedoria vai fiscalizar os atos dos policiais civis e militares. O objetivo é realizar o controle externo sobre a ação da segurança pública nos Estados.

O projeto institui também o Sistema Integrado de Educação e Valorização Profissional (Sievap), com a finalidade, dentre outras, de planejar, pactuar, implementar, coordenar e supervisionar as atividades de educação gerencial, técnica e operacional, identificando e propondo novas metodologias e técnicas de educação voltadas ao aprimoramento das suas atividades.

O sistema educacional integrado dos policiais contará com uma rede nacional de altos estudos em segurança pública, uma rede nacional de educação à distância e um programa nacional de qualidade de vida para segurança pública.

Como matriz curricular nacional, para os servidores da segurança pública, destina-se um referencial teórico, metodológico e avaliativo para as ações de educação. Essa mesma matriz curricular deverá ser observada nas atividades formativas de ingresso, aperfeiçoamento, atualização, capacitação e especialização na área de segurança pública, nas modalidades presencial e à distância. Ela deve ainda ser pautada nos direitos humanos, nos princípios da andragogia e nas teorias que enfocam o processo de construção do conhecimento.

Atenção!

Andragogia é a arte ou ciência de orientar adultos a aprender, segundo a definição creditada a Malcolm Knowles, na década de 1970. O termo remete a um conceito de educação voltada para o adulto, em contraposição à pedagogia, que se refere à educação de crianças (do grego *paidós*, criança).

Para educadores como Pierre Furter (1973), a andragogia é um conceito amplo de educação do ser humano, em qualquer idade. A UNESCO, por sua vez, já utilizou o termo para se referir à educação continuada.

"Andragogia é a arte de causar o entendimento." - Franklin Wave

Um importante conceito trazido pelo Susp é a noção de **segurança cidadã**. Essa noção consiste na situação política e social de segurança integral e cultura da paz, em que as pessoas têm, legal e efetivamente, garantido o gozo pleno de seus direitos fundamentais. A segurança cidadã se dá por meio de mecanismos institucionais eficientes e eficazes, capazes de prever, prevenir, planejar, solucionar pacificamente os conflitos e controlar as ameaças, as violências e coerções ilegítimas.

O projeto responsabiliza a União, estados, Distrito Federal e municípios na construção e execução de políticas públicas voltadas para a implementação da segurança cidadã. Concede-se efetividade às ações de prevenção da violência e da criminalidade e se tem, como meta, garantir a inclusão social e a igualdade de oportunidades, por meio de políticas públicas que garantam, conforme texto do projeto:

- **Prevenção primária:** centrada em ações dirigidas ao meio ambiente físico ou social, mais especificamente aos fatores ambientais que aumentam o risco de crimes e violências (fatores de risco) e que diminuem o risco de crimes e violência (fatores de proteção), visando reduzir a incidência ou os efeitos negativos de crimes e violências.

- **Prevenção secundária:** focada em ações dirigidas a pessoas mais suscetíveis de praticar crimes e violências, mais especificamente aos fatores que contribuem para a vulnerabilidade ou resiliência destas pessoas, visando evitar o seu envolvimento com o crime e a violência, bem como a pessoas mais suscetíveis de serem vítimas de crimes e violências, de modo a evitar ou limitar os danos causados pela sua vitimização.

> ▸ **Prevenção terciária:** consiste em ações dirigidas a pessoas que já praticaram crimes e violências, visando evitar a reincidência e promover o seu tratamento, reabilitação e reintegração familiar, profissional e social, bem como a pessoas que já foram vítimas de crimes e violências, de modo a evitar a repetição da vitimização e a promover o seu tratamento, reabilitação e reintegração familiar, profissional e social.
>
> ▸ **Prevenção situacional:** centrada em ações dirigidas à redução das oportunidades para a prática de crimes e violências na sociedade, por meio do aumento dos custos, aumento dos benefícios ou redução dos benefícios associados à prática de crimes e violências.
>
> ▸ **Prevenção social:** ações dirigidas à redução da predisposição dos indivíduos e grupos para a prática de crimes e violências na sociedade, visando enfrentar os problemas de fundo que criam condições para as pessoas ou grupos de risco, que chegam a incorrer em atos delitivos.

Tais conceitos, usuais em estudos criminológicos, conforme verificamos em lições passadas, passam a ser empregados expressamente em projetos legislativos, de modo a transpor a retórica academicista para se alcançar a prática.

Com efeito, a segurança pública é um bem democrático, cuja ausência e falhas afetam todos, indistintamente. Assim, ela é legitimamente desejada por todos os setores sociais; constitui um direito fundamental da cidadania; é uma obrigação constitucional do Estado; é, também, responsabilidade de todos.

Afirmar que o cidadão é o destinatário dos serviços de segurança pública significa reconhecer que compete à polícia trabalhar pelo estabelecimento das relações pacíficas entre os cidadãos. Para a obtenção de tais relações, é necessário o respeito às diferenças de gênero, classe, idade, pensamento, crenças e etnia. Deve-se criar ações de proteção aos direitos dos diferentes. Com isso, não se pretende a abdicação da força, mas seu uso - quando necessário - de forma proporcional.

10.8 Política Nacional de Proteção aos Defensores dos Direitos Humanos (PNPDDH)

Foi instituído a partir do Decreto nº 6.044/2007, que aprova a Política Nacional de Proteção aos Defensores dos Direitos Humanos. Tem a finalidade de estabelecer princípios e diretrizes de proteção e assistência à pessoa física ou jurídica, grupo, instituição, organização ou movimento social que promove, protege e defende os Direitos Humanos. Vale lembrar que, em função de sua atuação e atividade nessas circunstâncias, os indivíduos ou grupos protegidos por essa política encontram-se em situação de risco ou de vulnerabilidade.

10.8.1 Princípios da PNPDDH

I – respeito à dignidade da pessoa humana;

II – não discriminação por motivo de gênero, orientação sexual, origem étnica ou social, deficiência, procedência, nacionalidade, atuação profissional, raça, religião, faixa etária, situação migratória ou outro status;

III – proteção e assistência aos defensores dos direitos humanos, independentemente de nacionalidade e de colaboração em processos judiciais;

IV – promoção e garantia da cidadania e dos direitos humanos;

V – respeito a tratados e convenções internacionais de direitos humanos;

VI – universalidade, indivisibilidade e interdependência dos direitos humanos; e

VII – transversalidade das dimensões de gênero, orientação sexual, deficiência, origem étnica ou social, procedência, raça e faixa etária nas políticas públicas.

10.8.2 Diretrizes gerais da PNPDDH

I – fortalecimento do pacto federativo, por meio da atuação conjunta e articulada de todas as esferas de governo na proteção aos defensores dos direitos humanos e na atuação das causas que geram o estado de risco ou vulnerabilidade;

II – fomento à cooperação internacional bilateral ou multilateral;

III – articulação com organizações não governamentais, nacionais e internacionais;

IV – estruturação de rede de proteção aos defensores dos direitos humanos, envolvendo todas as esferas de governo e organizações da sociedade civil;

V – verificação da condição de defensor e respectiva proteção e atendimento;

VI – incentivo e realização de pesquisas e diagnósticos, considerando as diversidades regionais, organização e compartilhamento de dados;

VII – incentivo à formação e à capacitação de profissionais para a proteção, bem como para a verificação da condição de defensor e para seu atendimento;

VIII – harmonização das legislações e procedimentos administrativos nas esferas federal, estadual e municipal, relativas ao tema;

IX – incentivo à participação da sociedade civil;

X – incentivo à participação dos órgãos de classe e conselhos profissionais;

XI – garantia de acesso amplo e adequado a informações e estabelecimento de canais de diálogo entre o Estado, a sociedade e os meios de comunicação.

10.8.3 Diretrizes específicas de proteção aos defensores dos Direitos Humanos

I – implementação de medidas preventivas nas políticas públicas, de maneira integrada e intersetorial, nas áreas de saúde, educação, trabalho, segurança, justiça, assistência social, comunicação, cultura, dentre outras;

II – apoio e realização de campanhas socioeducativas e de conscientização nos âmbitos internacional, nacional, regional e local, considerando suas especificidades, que valorizem a imagem e atuação do defensor dos direitos humanos;

III – monitoramento e avaliação de campanhas com a participação da sociedade civil;

IV – apoio à mobilização social e fortalecimento da sociedade civil; e

V – fortalecimento dos projetos já existentes e fomento à criação de novos projetos.

São diretrizes específicas de proteção aos defensores dos direitos humanos, no que se refere à **responsabilização dos autores das ameaças ou intimidações**:

I – cooperação entre os órgãos de segurança pública;

II – cooperação jurídica nacional;

III – sigilo dos procedimentos judiciais e administrativos, nos termos da lei;

IV – integração com políticas e ações de repressão e responsabilização dos autores de crimes correlatos.

São diretrizes específicas de atenção aos defensores dos direitos humanos que se encontram em **estado de risco ou vulnerabilidade**:

I – proteção à vida;

II – prestação de assistência social, médica, psicológica e material;

III – iniciativas visando à superação das causas que geram o estado de risco ou vulnerabilidade;

IV – preservação da identidade, imagens e dados pessoais;

V – apoio para o cumprimento de obrigações civis e administrativas que exijam comparecimento pessoal;

VI – suspensão temporária das atividades funcionais; e

VII – excepcionalmente, a transferência de residência ou acomodação provisória em local sigiloso, compatível com a proteção.

10.9 Conselho Nacional de Combate à Discriminação e Promoção dos Direitos de Lésbicas, Gays, Bissexuais, Travestis e Transexuais (CNCD/LGBT)

É um órgão colegiado, integrante da estrutura da Secretaria de Direitos Humanos da Presidência da República (SDH/PR).

Com as políticas voltadas para a promoção da igualdade racial e para a população, o CNCD/LGBT é um órgão colegiado composto por trinta membros, sendo 15 representantes da Sociedade Civil e 15 do Governo Federal.

Esse órgão possui a finalidade de formular e propor diretrizes de ação governamental, em âmbito nacional, voltadas para o combate à discriminação, e para a promoção e a defesa dos direitos de lésbicas, gays, bissexuais, travestis e transexuais.

QUESTÕES

1. (AOCP – 2021 – PC/PA – DELEGADO) De acordo com o autor alemão Jakobs, o Direito Penal do inimigo pode ser caracterizado por quais elementos?

    a) Punição retrospectiva; desproporcionalidade das penas; relativização ou supressão de garantias processuais.

    b) Punição retrospectiva; proporcionalidade das penas; relativização ou supressão de garantias processuais.

    c) Punição prospectiva; desproporcionalidade das penas; relativização ou supressão de garantias processuais.

    d) Punição contemporânea; desproporcionalidade das penas; relativização ou supressão de garantias processuais.

    e) Punição prospectiva; proporcionalidade das penas; relativização ou supressão de garantias processuais.

2. (AOCP – 2021 – PC/PA – DELEGADO) Assinale a alternativa que não engloba um objeto de estudo criminológico.

    a) Crime.

    b) Vítima.

    c) "Dever-ser".

    d) Controle social do comportamento delitivo.

    e) Personalidade do delinquente.

3. (AOCP – 2021 – PC/PA – DELEGADO) É correto afirmar que a cifra negra corresponde à criminalidade:

    a) sem registro oficial, desconhecida, impune e não elucidada.

    b) registrada, investigada, todavia impune.

    c) registrada, mas não investigada pela Polícia.

    d) sem registro oficial, não investigada, porém denunciada pelo Ministério Público.

    e) registrada, investigada, contudo, não elucidada.

4. (AOCP – 2021 – PC/PA – DELEGADO) De acordo com a teoria do *labelling approach*, assinale a alternativa correta.

    a) A criminalização primária está relacionada à repetição dos atos delitivos.

    b) A criminalização secundária gera a etiqueta ou rótulo.

    c) A teoria do *labelling approach* desconsidera a reação social proveniente do delito.

    d) Com berço nos Estados Unidos dos anos 1940, tem como principais expoentes Erving Goffman e Howard Becker.

    e) Diferencia-se o delinquente do homem comum apenas em razão do estigma que lhe é socialmente imputado.

QUESTÕES

5. (AOCP – 2021 – PC/PA – DELEGADO) A respeito da Escola de Chicago e das teorias que dela decorrem, assinale a alternativa correta.

a) A teoria das zonas concêntricas, de Ernest Burgess, indica que o crescimento das cidades se dá a partir dos respectivos centros e, quanto mais próximo ao centro, mais alta a classe social das pessoas que ali residem.

b) A teoria ecológica entende a cidade como produtora de delinquência, havendo zonas em que a criminalidade seria maior e outras com índices menores de criminalidade.

c) De acordo com a Escola de Chicago e suas teorias derivadas, a relação entre o espaço urbano e a criminalidade é preterida em favor da relação entre o fator biológico e a criminalidade.

d) A atuação da Escola de Chicago foi marcada pelo pragmatismo, inovando pelo método de observação participante, no qual o observador mantém-se equidistante do fenômeno social que estuda, tomando parte da experiência alheia.

e) Segundo a teoria da associação diferencial, iniciada por Edwin Sutherland, a conduta criminosa está relacionada ao meio em que o delinquente vive e com as oportunidades que teve ou deixou de ter durante o processo de formação moral. O autor associa, ainda, a baixa escolaridade com maior índice de propensão delitiva.

6. (CESPE/CEBRASPE – 2018 – PC/MA – DELEGADO) Afirmar que a Criminologia é interdisciplinar e tem o empirismo como método significa dizer que esse ramo da ciência:

a) utiliza um método analítico para desenvolver uma análise indutiva.

b) considera os conhecimentos de outras áreas para formar um conhecimento novo, se afirmando, então, como independente.

c) utiliza um método silogístico.

d) utiliza um método racional de análise e trabalha o Direito Penal de forma dogmática.

e) é metafísica e leva em conta os métodos das ciências exatas para o estudo de seu objeto.

Texto para as próximas 2 questões:

Texto 1A14AAA

João nutria grande desejo por sua colega de turma, Estela, mas não era correspondido. Esse desejo transformou-se em ódio e fez que João planejasse o estupro e o homicídio da colega. Para isso, ele passou a observar a rotina de Estela, que trabalhava durante o dia e estudava com João à noite. Determinado dia, após a aula, em uma rua escura no caminho de Estela para casa, João realizou seus intentos criminosos, certo de que ficaria impune, mas acabou sendo descoberto e preso.

7. (CESPE/CEBRASPE – 2018 – PC/MA – DELEGADO) Com relação à situação hipotética descrita no Texto 1A14AAA e às funções da criminologia, da política criminal e do Direito Penal, assinale a opção correta.

a) O Direito Penal tem a função de analisar a forma como o crime foi cometido, bem como estudar os meios que devem ser adotados com relação à pena e à ressocialização de João.

b) O Direito Penal é o responsável pelo diagnóstico do fenômeno dos crimes cometidos contra as mulheres.

c) A Criminologia deverá analisar a conduta de João, subsidiando o juiz quanto ao arbitramento da pena.

d) A política criminal tem a função de propor medidas para a redução das condições que facilitaram o cometimento do crime por João, como a urbanização e a iluminação de ruas.

e) A Criminologia deverá indicar os trajetos que precisam de rondas policiais ou os locais para se instalarem postos policiais.

8. (CESPE/CEBRASPE – 2018 – PC/MA – DELEGADO) Conforme a Criminologia Crítica, o crime praticado contra Estela, descrito no Texto 1A14AAA, pode ser explicado:

a) por traumas de infância desenvolvidos por João, o que tornou difícil a sua relação com as mulheres.

b) pela pouca iluminação da rua que Estela elegeu para voltar para casa depois da aula.

c) pelo comportamento imprudente de Estela, que, no período noturno, andava sozinha em rua mal iluminada.

d) pela existência de alguma característica inata de João, que fatalmente o levaria a cometer os crimes de estupro e homicídio.

e) por multifatores, como uma cultura misógina que desvaloriza as mulheres e que legitima a sua punição quando não forem atendidos os interesses e os desejos masculinos.

9. (CESPE/CEBRASPE – 2018 – PC/MA – DELEGADO) De acordo com a teoria de Sutherland, os crimes são cometidos:

a) em razão do comportamento das vítimas e das condições do ambiente.

b) por pessoas de baixa renda, exatamente em razão de sua condição socioeconômica desprivilegiada.

c) em razão do comportamento delinquente herdado, ou seja, de origem biológica.

d) por pessoas que sofrem de sociopatias ou psicopatias.

e) por pessoas que convivem em grupos que realizam e legitimam ações criminosas.

10. (CESPE/CEBRASPE – 2018 – PC/MA – DELEGADO) O paradigma da reação social:

a) surgiu na Europa a partir do enfoque do interacionismo simbólico.

b) afirma que os grupos sociais criam o desvio, o qual é uma qualidade do ato infracional cometido pela pessoa.

c) indica que é mais apropriado falar em criminalização e criminalizado que falar em criminalidade e criminoso.

d) afirma que a criminalidade tem natureza ontológica.

e) pode ser chamado, também, de *Labelling approach*, etiquetamento ou paradigma etiológico.

QUESTÕES

11. (CESPE/CEBRASPE – 2018 – PC/MA – DELEGADO) Dados publicados em dezembro de 2017 pelo Ministério da Justiça mostram que o Brasil tem uma taxa de superlotação nos estabelecimentos prisionais na ordem de 197,4%.

Agência de Notícias, Empresa Brasil de Comunicação.

Sob o enfoque da prevenção da infração penal no Estado democrático de direito, a superlotação carcerária aludida no fragmento de texto anterior é um problema que prejudica a:

I. prevenção primária;

II. prevenção secundária;

III. prevenção terciária.

Assinale a opção correta:

a) Apenas o item II está certo.

b) Apenas o item III está certo.

c) Apenas os itens I e II estão certos.

d) Apenas os itens I e III estão certos.

e) Todos os itens estão certos.

12. (CESPE/CEBRASPE – 2018 – PC/MA – DELEGADO) A Criminologia considera que o papel da vítima varia de acordo com o modelo de reação da sociedade ao crime. No modelo:

a) clássico, a vítima é a responsável direta pela punição do criminoso, sendo figura protagonista no processo penal.

b) ressocializador, busca-se o resgate da vítima, de modo a reintegrá-la na sociedade.

c) retribucionista, o objetivo restringe-se ao ressarcimento do dano pelo criminoso à vítima.

d) da justiça integradora, a vítima é tida como julgadora do criminoso.

e) restaurativo, o foco é a participação dos envolvidos no conflito em atividades de reconciliação, nas quais a vítima tem um papel central.

13. (CESPE/CEBRASPE – 2022 – PC/PB – DELEGADO) O conceito de ciência total do Direito Penal e sua divisão em pressupostos de punibilidade derivados de um Estado Liberal de Direito e em sanções baseadas nas necessidades sociais, a fim de se lidar com as divergências entre o Direito Penal e a política criminal, foi desenvolvido por:

a) Cesare Beccaria.

b) Franz Von Liszt.

c) Enrico Ferri.

d) Claus Roxin.

e) Rafaelle Garófalo.

14. (CESPE/CEBRASPE – 2022 – PC/PB – DELEGADO) Julgue os itens que seguem quanto à função dos três pilares das ciências criminais.

I. A Criminologia apresenta estratégias e meios de controle social da criminalidade.

II. A política criminal fornece o substrato empírico do sistema.

III. O Direito Penal analisa as condutas indesejadas, tipificando infrações e combinando sanções penais.

Assinale a opção correta:

a) Apenas o item I está certo.

b) Apenas o item II está certo.

c) Apenas o item III está certo.

d) Apenas os itens II e III estão certos.

e) Todos os itens estão certos.

15. (CESPE/CEBRASPE – 2022 – PC/PB – DELEGADO) Assinale a opção correta acerca da Criminologia e de seus métodos.

a) Na análise do fenômeno criminal, é preferível a abordagem multidisciplinar, que apresenta visões independentes e distintas de um mesmo problema e que é mais ampla que o método interdisciplinar.

b) A Criminologia usa o método dedutivo, partindo de premissas genéricas para fazer inferências.

c) A Criminologia é uma ciência cultural, do dever-ser.

d) No método criminológico, os fatos se sobrepõem a argumentos subjetivos de autoridade.

e) O método experimental confunde-se com o método empírico.

16. (CESPE/CEBRASPE – 2022 – PC/PB – DELEGADO) "Debatedores divergem sobre endurecimento da legislação penal no combate à criminalidade" – Notícias – Portal da Câmara dos Deputados (06/07/2021) "CCJ aprova relatório que propõe penas mais rigorosas para crimes" – Notícias – Portal da Câmara dos Deputados (30/09/2021) "Grupo sobre projeto anticrime aumenta para 40 anos tempo máximo de cumprimento de pena" – Notícias – Portal da Câmara dos Deputados (22/10/2019) As notícias cujos títulos são apresentados tratam do recrudescimento da legislação penal brasileira nos últimos anos. Acerca da Criminologia, das penas e dos modelos de reação ao crime, assinale a opção correta.

a) Iniciativas legislativas de agravamento de penas estão relacionadas ao modelo restaurador de reação ao crime segundo o qual o mal causado pelo criminoso deve ser proporcionalmente retribuído pela pena.

b) A transação penal e a composição civil, institutos previstos na Lei nº 9.099/1995, que regula os juizados especiais, têm um caráter conciliatório, consoante com o modelo clássico de reação ao crime.

c) O Direito Penal centrado na pessoa do infrator reflete o pensamento de Claus Roxin na chamada Terceira Via do Direito.

d) O recrudescimento penal como resposta a um clamor por justiça resulta na edição de leis penais simbólicas que são editadas para reduzir tensões sociais, mas que, à falta de respaldo da ciência criminal, não garantem uma efetiva prevenção do crime.

e) Leis penais mais severas previnem o crime na mesma proporção que a certeza da punição, noção essa que tem origem em estudos do século XVIII de Cesare Bonesana.

QUESTÕES

17. (CESPE/CEBRASPE – 2022 – PC/PB – DELEGADO) Acerca dos modelos de prevenção criminal e das políticas públicas de prevenção à violência contra a mulher, julgue os itens seguintes.

I. Políticas de prevenção primária destinam-se a enfrentar as causas mais profundas da violência de gênero e devem ser direcionadas à população em geral; tais causas estão relacionadas à desigualdade nas relações de poder entre homens e mulheres e à manutenção de visões estereotipadas sobre os papéis sociais.

II. A prevenção secundária, também conhecida como intervenção precoce, destina-se a determinados grupos de risco mais propensos a sofrerem ou praticarem a violência doméstica, usualmente associada aos serviços de saúde e assistência social.

III. A prevenção terciária, também conhecida como resposta, está relacionada à reação dos sistemas policial e de justiça à comunicação de um episódio de violência, e se destina a prevenir, a longo prazo, a reiteração da violência.

Assinale a opção correta:

a) Apenas o item I está certo.

b) Apenas o item II está certo.

c) Apenas os itens I e III estão certos.

d) Apenas os itens II e III estão certos.

e) Todos os itens estão certos.

18. (CESPE/CEBRASPE – 2022 – PC/PB – DELEGADO) Acerca das teorias sociológicas da Criminologia, assinale a opção correta.

a) A Teoria da Desorganização social é considerada uma teoria do conflito social.

b) A subcultura delinquente é um exemplo de teoria do consenso.

c) A Escola de Chicago, importante marco para o estudo da criminalidade urbana, representa uma das teorias do conflito social.

d) A Criminologia Feminista opõe-se frontalmente à Criminologia Crítica que advém do positivismo criminológico.

e) A teoria do *labelling approach* é exemplo de teoria do consenso, uma vez que se preocupa com os comportamentos não desviantes.

19. (CESPE/CEBRASPE – 2022 – PC/PB – DELEGADO) O princípio da ofensividade ou lesividade, segundo o qual somente devem ser criminalizadas condutas por violação a um bem jurídico, e não por mero enquadramento legal ou vontade legislativa, foi desenvolvido por:

a) Luigi Ferrajoli.

b) Edwin H. Sutherland.

c) Robert K. Merton.

d) Erving Goffman.

e) George Kelling.

20. (FAPEC – 2021 – PC/MS – DELEGADO) Sobre o movimento intelectual que ficou conhecido como Escola Clássica da Criminologia, assinale a alternativa correta.

a) Quando se fala da Escola Liberal Clássica como um antecedente da moderna Criminologia, faz-se referência a teorias ancoradas em um rígido determinismo e no positivismo naturalista.

b) A consideração do crime como um comportamento definido pelo Direito e o repúdio à abordagem patológica do criminoso como um ser diferente são traços da Escola Liberal Clássica, que, contudo, não rompeu definitivamente com o paradigma etiológico da Criminologia.

c) O chamado *Labelling aproach* (paradigma da reação social) é uma teorização que busca explicar a necessidade de intervenção estatal no criminoso, a fim de reforçar a validade da pena perante a sociedade, inibindo a prática de novos delitos por todos.

d) Francesco Carrara, um dos principais nomes da Escola Liberal Clássica, partia da necessária distinção entre a consideração jurídica do delito e consideração ética do indivíduo para afirmar a tese de que a função da pena é, essencialmente, a retribuição.

e) A Escola Clássica se diferenciava das outras escolas criminológicas positivistas por se basear em um modelo de ciência penal integrada, ou seja, um modelo no qual ciência jurídica e a concepção geral do homem e da sociedade estão estritamente ligadas.

21. (FAPEC – 2021 – PC/MS – DELEGADO) Considerando os conceitos doutrinários de Direito Penal, de Criminologia e de Política Criminal, assinale a alternativa incorreta.

a) O Direito Penal é o conjunto de normas jurídicas que preveem os crimes e lhes cominam sanções, bem como disciplinam a incidência e a validade de tais normas, a estrutura geral do crime e a aplicação e a execução das sanções cominadas.

b) A Criminologia é uma disciplina de caráter preponderantemente dogmático e representa a atividade intelectual que estuda os processos de criação das normas penais e das normas sociais que estão relacionadas com o comportamento desviante, os processos de infração e de desvio dessas normas e a reação social.

c) A Criminologia reúne uma informação válida e confiável sobre o problema criminal, que se baseia em um método empírico de análise e de observação da realidade.

d) Em sua obra, Franz von Lizst formulou um modelo tripartido de "ciência conjunta", que reunia as ramificações do saber que constituem objeto de estudo do Direito Penal, Criminologia e Política Criminal.

e) Diferentemente do Direito Penal, a Criminologia pretende conhecer a realidade para explicá-la, enquanto aquela ciência valora, ordena e orienta a realidade, com o apoio de uma série de critérios axiológicos.

22. (FGV – 2021 – PM/CE – SOLDADO) Acerca das Escolas da Criminologia, assinale a afirmativa correta.

a) A Escola da Criminologia Clássica tem ênfase na implementação de políticas criminais preventivas.

b) A Escola da Criminologia Científica Moderna tem como principais teóricos Césare Lombroso, Enrico Ferri e Rafaelle Garófalo.

c) A Escola da Criminologia Crítica analisa a seletividade e propõe a deslegitimação do sistema penal.

d) A Escola da Criminologia Positivista tem como principal expoente Césare Beccaria.

e) A Escola da Criminologia Positivista rechaça a análise científica sobre a criminalidade.

23. (FGV – 2021 – PM/CE – SOLDADO) Assinale a opção que está de acordo com os postulados da Teoria Ecológica da Criminalidade.

a) A preservação do meio ambiente deve ser desenvolvida com ênfase em políticas criminais preventivas.

b) A aprendizagem do comportamento criminal inclui técnicas e ocorre, na interação com o outro, pela comunicação com participação ativa.

c) A desorganização social dos grandes centros urbanos pode produzir efeitos criminógenos.

d) A tolerância zero no combate aos crimes ambientais contribui para a garantia da Segurança Pública.

e) O crime não é uma qualidade intrínseca da conduta; é uma conduta qualificada como criminosa pelo controle social.

24. (FGV – 2021 – PM/CE – SOLDADO) O conceito de crime como fato social é formulado pelo sociólogo:

a) Karl Marx.

b) Max Weber.

c) Zygmunt Bauman.

d) Howard Becker.

e) *Émile Durkheim.*

25. (FGV – 2021 – PM/CE – SOLDADO) O conceito de controle social informal compreende as seguintes instituições:

a) instituições penitenciárias, instituições policiais e varas criminais.

b) família, Igreja e organizações não governamentais.

c) Poder Legislativo, Poder Executivo e Poder Judiciário.

d) sociedade civil, mídia e instituições policiais.

e) manicômios, prisões e conventos.

26. (FGV – 2021 – PM/CE – SOLDADO) Assinale a opção que apresenta a tipologia de delinquência estabelecida pela Criminologia Positivista, de Cesare Lombroso.

a) Criminosos natos, ocasionais, loucos e passionais.

b) Criminosos involuntários, natos, ocasionais, habituais, loucos e passionais.

c) Criminoso cínicos, assassinos violentos ou enérgicos, ladrões ou neurastênicos.

d) Criminosos recuperáveis e irrecuperáveis.

e) Criminalidade de sangue e criminalidade de colarinho branco.

CRIMINOLOGIA
para concursos

27. **(FGV – 2021 – PM/CE – SOLDADO)** De acordo com a Convenção de Palermo, o conceito de *crime organizado* pressupõe um(a):

a) grupo estruturado, de três ou mais pessoas, existente há algum tempo e atuando concertadamente com o propósito de cometer uma ou mais infrações graves.

b) associação de três ou mais pessoas, para o fim específico de cometer crimes.

c) organização paramilitar, milícia particular, grupo ou esquadrão com a finalidade de praticar qualquer dos crimes previstos no Código Penal.

d) grupo composto para a prática de crimes motivados por razões de xenofobia, discriminação ou preconceito de raça, cor, etnia e religião.

e) associação de três ou mais pessoas, para a submissão de alguém, sob sua guarda, poder ou autoridade, com emprego de violência ou grave ameaça, a intenso sofrimento físico ou mental, como forma de aplicar castigo pessoal ou medida de caráter preventivo.

28. **(FUMARC – 2018 – PC/MG – DELEGADO)** "Cabe definir a Criminologia como ciência empírica e interdisciplinar, que se ocupa do estudo do crime, da pessoa do infrator, da vítima e do controle social do comportamento delitivo, e que trata de subministrar uma informação válida, contrastada, sobre a gênese, dinâmica e variáveis principais do crime – contemplado este como problema individual e como problema social -, assim como sobre os programas de prevenção eficaz do mesmo e técnicas de intervenção positiva no homem delinquente e nos diversos modelos ou sistemas de resposta ao delito". Esta apresentação ao conceito de Criminologia apresenta, desde logo, algumas das características fundamentais do seu *método* (empirismo e interdisciplinaridade), antecipando o *objeto* (análise do delito, do delinquente, da vítima e do controle social) e suas *funções* (explicar e prevenir o crime e intervir na pessoa do infrator e avaliar os diferentes modelos de resposta ao crime).

MOLINA, Antônio G.P.; GOMES, Luiz F.; *Criminologia*. 6. ed. reform., atual. e ampl. São Paulo: Revista dos Tribunais, 2006. p. 32.

Sobre o método, o objeto e as funções da Criminologia, considera-se:

I. A luta das escolas (positivismo *versus* classicismo) pode ser traduzida como um enfrentamento entre adeptos de métodos distintos; de um lado, os partidários do método abstrato, formal e dedutivo (os clássicos) e, de outro, os que propugnavam o método empírico e indutivo (os positivistas).

II. Uma das características que mais se destaca na moderna Criminologia é a progressiva ampliação e problematização do seu objeto.

III. A Criminologia, como ciência, não pode trazer um saber absoluto e definitivo sobre o problema criminal, senão um saber relativo, limitado, provisional a respeito dele, pois, com o tempo e o progresso, as teorias se superam.

Estão corretas as assertivas indicadas em:

a) I e II, apenas.

b) I e III, apenas.

c) I, II e III.

d) II e III, apenas.

QUESTÕES

29. (FUMARC – 2018 – PC/MG – DELEGADO) Sobre o Sistema Penal e a reprodução da realidade social, segundo Alessandro Baratta, é correto afirmar:

a) A cada sucessiva recomendação do menor às instâncias oficiais de assistência e de controle social corresponde uma diminuição das chances desse menor ser selecionado para uma "carreira criminosa".

b) A homogeneidade do sistema escolar e do sistema penal corresponde ao fato de que realizam, essencialmente, a mesma função de reprodução das relações sociais e de manutenção da estrutura vertical da sociedade.

c) A teoria das carreiras desviantes, segundo a qual o recrutamento dos "criminosos" se dá nas zonas sociais mais débeis, não é confirmada quando se analisa a população carcerária.

d) O suficiente conhecimento e a capacidade de penetração no mundo do acusado por parte do juiz e das partes no processo criminal são favoráveis aos indivíduos provenientes dos estratos econômicos inferiores da população.

30. (FUMARC – 2018 – PC/MG – DELEGADO) "A Criminologia contemporânea, dos anos 1930 em diante, se caracteriza pela tendência a superar as teorias patológicas da criminalidade, ou seja, as teorias baseadas sobre as características biológicas e psicológicas que diferenciariam os sujeitos 'criminosos' dos indivíduos 'normais', e sobre a negação do livre arbítrio, mediante um rígido determinismo. Essas teorias eram próprias da *Criminologia Positivista* que, inspirada na filosofia e na psicologia do positivismo naturalista, predominou entre o final do século passado e princípios deste."

BARATTA, Alessandro. *Criminologia Crítica e Crítica do Direito Penal.* Introdução à sociologia do Direito Penal. 3. ed. Rio de Janeiro: Revan: Instituto Carioca de Criminologia. p. 29. (Coleção Pensamento Criminológico)

Numere as seguintes assertivas de acordo com a ideia de Criminologia que representam, utilizando (1) para a Criminologia Positivista e (2) para a Escola Liberal Clássica do Direito Penal.

( ) Assumia uma concepção patológica da criminalidade.

( ) Considerava a criminalidade como um dado pré-constituído às definições legais de certos comportamentos e certos sujeitos.

( ) Não considerava o delinquente como um ser humano diferente dos outros.

( ) Objetivava uma política criminal baseada em princípios como os da humanidade, legalidade e utilidade.

( ) Pretendia modificar o delinquente.

A sequência que expressa a associação correta, de cima para baixo, é:

a) 1, 1, 2, 2, 1.

b) 1, 2, 1, 2, 2.

c) 2, 2, 1, 1, 1.

d) 2, 1, 2, 2, 2.

31. (FUMARC – 2018 – PC/MG – DELEGADO) Sobre a relação entre o preso e a sociedade, segundo Alessandro Baratta, é correto afirmar:

a) A reinserção do preso na sociedade, após o cumprimento da pena, é assegurada a partir do momento em que, no cárcere, o preso absorve um conjunto de valores e modelos de comportamento desejados socialmente.

b) É necessário primeiro modificar os excluídos, para que eles possam voltar ao convívio social na sociedade que está apta a acolhê-los.

c) O cárcere não reflete as características negativas da sociedade, em razão do isolamento a que são submetidos os presos.

d) São relações sociais baseadas no egoísmo e na violência ilegal, no interior das quais os indivíduos socialmente mais débeis são constrangidos a papéis de submissão e de exploração.

32. (FUMARC – 2018 – PC/MG – DELEGADO) "Por debaixo do problema da legitimidade do sistema de valores recebido pelo sistema penal como critério de orientação para o comportamento socialmente adequado e, portanto, de discriminação entre conformidade e desvio, aparece como determinante o problema da definição do delito, com as implicações político-sociais que revela, quando este problema não seja tomado por dado, mas venha tematizado como centro de uma teoria da criminalidade. Foi isto o que aconteceu com as teorias da 'reação social', ou *Labelling approach*, hoje no centro da discussão no âmbito da Sociologia Criminal."

BARATTA, Alessandro. *Criminologia Crítica e Crítica do Direito Penal.* Introdução à sociologia do Direito Penal. 3. ed. Rio de Janeiro: Revan: Instituto Carioca de Criminologia. p. 86. (Coleção Pensamento Criminológico)

Com base no excerto, referente ao paradigma do *Labelling approach*, **analise** as asserções a seguir:

I. O *Labelling approach* tem se ocupado em analisar, especialmente, as reações das instâncias oficiais de controle social, ou seja, tem estudado o efeito estigmatizante da atividade da polícia, dos órgãos de acusação pública e dos juízes.

PORQUE

II. Não se pode compreender a criminalidade se não se estuda a ação do sistema penal, pois o *status* social de delinquente pressupõe o efeito da atividade das instâncias oficiais de controle social da delinquência.

Está correto o que se afirma em:

a) I e II são proposições falsas.

b) I e II são proposições verdadeiras e II é uma justificativa correta da I.

c) I é uma proposição falsa e II é uma proposição verdadeira.

d) I é uma proposição verdadeira e II é uma proposição falsa.

QUESTÕES

33. (FUMARC – 2021 – PC/MG – DELEGADO SUBSTITUTO) Sobre a teoria criminológica da associação diferencial, analise as assertivas a seguir:

I.   O comportamento delituoso se aprende do mesmo modo que o indivíduo aprende também outras condutas e atividades lícitas, em sua interação com pessoas e grupos e mediante um complexo processo de comunicação.

II.   O delito não é algo anormal nem sinal de uma personalidade imatura, senão um comportamento ou hábito adquirido, isto é, uma resposta a situações reais que o sujeito aprende.

III. A pobreza e a classe social são fatores suficientes para a explicação da tendência de alguém para o crime, no contexto das teorias da aprendizagem.

IV.   O indivíduo aprende assim não só a conduta delitiva, senão também os próprios valores criminais, as técnicas comissivas e os mecanismos subjetivos de racionalização (justificação ou autojustificação) do comportamento desviado.

São corretas apenas as assertivas:

a)   I, II e III.

b)   I, II e IV.

c)   I, III e IV.

d)   II, III e IV.

34. (FUMARC – 2021 – PC/MG – DELEGADO SUBSTITUTO) Sobre a perspectiva crítica defendida por Thiago Fabres de Carvalho em *Criminologia, (in)visibilidade e reconhecimento: o controle penal da subcidadania no Brasil*, analise as assertivas a seguir:

I.   As relações entre a Criminologia e a noção moderna de dignidade humana são tão profundas quanto paradoxais. A emergência do saber sobre o crime e o criminoso na era moderna é marcada por profundas contradições atreladas às demandas de ordem inerentes à constituição do mundo social.

PORQUE

II.   Se, de um lado, a noção de dignidade humana produzida pelos discursos filosóficos, políticos e jurídicos da modernidade expressa os anseios de emancipação dos laços da tradição; por outro lado, a Criminologia emerge como um poderoso discurso científico de justificação do controle social requerido pelas exigências de ordem da sociedade burguesa em ascensão.

Está correto o que se afirma em:

a)   I e II são proposições falsas.

b)   I e II são proposições verdadeiras e II é uma justificativa correta da I.

c)   I e II são proposições verdadeiras, mas II não é uma justificativa correta da I.

d)   I é uma proposição falsa e II é uma proposição verdadeira.

35. (FUMARC – 2021 – PC/MG – DELEGADO SUBSTITUTO) No que diz respeito aos objetos da Criminologia, estão corretas as assertivas, exceto:

a)   A vitimização primária é o sofrimento, direto ou indireto, por parte de uma pessoa que suporta os efeitos decorrentes do crime, sejam estes materiais ou psíquicos. Por outro lado, a vitimização secundária compreende os custos suportados pelo agente penalizado em decorrência da prática do crime.

b) Críticos do livre-arbítrio como ilusão subjetiva, os autores positivistas compreendiam o infrator como um prisioneiro da sua patologia (determinismo biológico), ou de processo causais alheios (determinismo social).

c) Para o Direito Penal, o delito é uma ação ou omissão típica, ilícita e culpável, centrando-se a análise no comportamento do indivíduo.

d) Se, de um lado, o controle social informal passa pela instância da sociedade civil: família, escola, profissão, opinião pública, grupos de pressão, clubes de serviço etc., o controle social formal evidencia a atuação do aparelho político do Estado, realizado por meio da Polícia, da Justiça, do Ministério Público, da Administração Penitenciária e de todos os consectários de tais agências.

36. (FUMARC – 2021 – PC/MG – DELEGADO SUBSTITUTO) Ao conduzir sua argumentação tendo como ponto de referência a Criminologia Crítica e a genealogia do poder desenvolvida por Michel Foucault, Thiago Fabres de Carvalho assume a dignidade humana como "condição antropológica existencial da comunidade política", eixo central das reflexões criminológicas sobre o controle penal da subcidadania no Brasil. Nesse sentido, avalie as assertivas a seguir:

I. A visão da condição humana apresentada por Hannah Arendt, formada pelo conjunto da *vita activa*, é absolutamente apropriada para se apreender o inicial significado da dignidade humana como elemento existencial instituinte da comunidade política, pois a condição humana não se confunde com a busca de uma natureza humana universal, intrínseca, o que remeteria a uma espécie de deidade.

II. A partir das reflexões de Axel Honneth, a dignidade humana determina a condição de pluralidade da comunidade política, de modo que a construção da realidade social, costurada, sobretudo, na esfera pública, é engendrada a partir da necessidade da manifestação da diversidade e, por conseguinte, da luta por reconhecimento.

III. A construção do sentido subjetivo e social da dignidade, possibilitada pelas experiências de reconhecimento, assume uma importância decisiva na reflexão criminológica, uma vez que a valorização negativa de determinados indivíduos ou grupos, isto é, a produção social da invisibilidade, converte-se em gravíssimos problemas de integração social.

São corretas as assertivas:

a) I e II, apenas.

b) I e III, apenas.

c) I, II e III.

d) II e III, apenas.

37. (FUMARC – 2021 – PC/MG – ESCRIVÃO) Sobre as principais categorias dos delinquentes propostas por Enrico Ferri, analise as hipóteses a seguir enumeradas:

I. O delinquente nato caracterizava-se pela impulsividade ínsita que fazia que o agente passasse à ação por motivos absolutamente desproporcionais à gravidade do delito.

II. O delinquente louco era levado ao crime pela enfermidade mental e pela atrofia do senso moral.

III. Nascido e crescido em um ambiente de miséria moral e material, o delinquente ocasional começava com leves falhas até uma escalada obstinada no crime.

IV. O delinquente habitual era condicionado por influência de circunstâncias ambientais, como injusta provocação, necessidades familiares ou pessoais, comoção pública etc.

Estão corretas as assertivas:

a) I e II, apenas.

b) I, II e III, apenas.

c) I, II, III e IV.

d) II e III, apenas.

38. (FUMARC – 2021 – PC/MG – ESCRIVÃO) Muitos criminólogos defendem ser útil manter-se firme, em linha de princípio, a distinção entre sociologia criminal e sociologia jurídico-penal. Entretanto, Alessandro Baratta sustenta que um ponto de encontro e de superposição logicamente necessário entre os referidos campos do conhecimento deriva do caráter problemático que alguns conceitos adquiriram no âmbito do *Labelling approach*.

Nesse sentido, analise as asserções a seguir:

I. A sociologia criminal estuda os comportamentos que representam uma reação ante o comportamento desviante, os fatores condicionantes e os efeitos desta reação, assim como as implicações funcionais dessa reação com a estrutura social global. A sociologia jurídico-penal, ao contrário, estuda propriamente o comportamento desviante com relevância penal, a sua gênese, a sua função no interior da estrutura social dada.

NO ENTANTO,

II. Mesmo permanecendo firme o princípio de delimitação, o campo da sociologia criminal e o da sociologia penal se sobrepõem necessariamente, ao menos no que se refere aos aspectos da noção, da constituição e da função do desvio, que podem ser colocados em conexão estreita com a função e os efeitos estigmatizantes da relação social, institucional e não institucional.

Está correto o que se afirma em:

a) I e II são proposições falsas.

b) I e II são proposições verdadeiras e II é uma justificativa correta da I.

c) I e II são proposições verdadeiras, mas II não é uma justificativa correta da I.

d) I é uma proposição falsa e II é uma proposição verdadeira.

39. (FUMARC – 2021 – PC/MG – ESCRIVÃO) Os estudos criminológicos voltam-se para a criminalidade dos poderosos, tratados como homens de negócios e profissionais, colocando em debate a forma como o sistema de justiça criminal os tratava. O recurso paradigmático da referida vertente teórica contrapõe-se à relação de necessariedade entre delinquência/pobreza, abrindo-se caminho para o amadurecimento do Direito Penal econômico.

O postulado teórico constante do trecho acima evidencia a:

a) Escola de Chicago.

b) Teoria da anomia.

CRIMINOLOGIA
para concursos

c) Teoria da associação diferencial.

d) Teoria da subcultura delinquente.

40. (FUMARC – 2021 – PC/MG – ESCRIVÃO) As correntes do neorrealismo de esquerda, da teoria do Direito Penal mínimo e do pensamento abolicionista são desdobramentos da:

a) Criminologia crítica.

b) Escola de Chicago.

c) Teoria da anomia.

d) Teoria da associação diferencial.

41. (FUMARC – 2021 – PC/MG – ESCRIVÃO) Em sua obra *A síndrome da rainha vermelha: policiamento e segurança pública no século XXI*, Marcos Rolim justifica o título do livro realçando a passagem narrada por Lewis Carroll na obra *As aventuras de Alice no país das maravilhas*, em que, sem saber exatamente o motivo, Alice e a Rainha Vermelha começaram a correr de mãos dadas em uma velocidade crescente. A todo momento, a Rainha ordenava que corressem mais rápido, mas Alice mal conseguia acompanhá-la. Até que, exaustas, param para descansar". Nesse momento:

Alice olhou ao seu redor muito surpresa:

– Ora, eu diria que ficamos sob esta árvore o tempo todo! Tudo está exatamente

como era!

– Claro que está, esperava outra coisa? – perguntou a Rainha.

– Bem, na nossa terra, responde Alice, ainda arfando um pouco, geralmente

você chegaria a algum outro lugar... se corresse muito rápido por

um longo tempo, como fizemos.

– Que terra mais pachorrenta! – comentou a Rainha. Pois aqui, como vê,

você tem que correr o mais que pode para continuar no mesmo lugar.

(ROLIM, Marcos. *A síndrome da rainha vermelha*: policiamento e segurança pública no

século XXI. Rio de Janeiro: Jorge Zahar, 2006, p. 37).

Diante do contexto apresentado, e segundo a proposta de Marcos Rolim, analise as assertivas a seguir:

I. A passagem acima narrada entre Alice e a Rainha Vermelha descreve perfeitamente a situação produzida pelo modelo proativo de policiamento.

PORQUE

II. Os esforços policiais, mesmo quando desenvolvidos em sua intensidade máxima, costumam redundar em "lugar nenhum", e o cotidiano de uma intervenção que se faz presente apenas e tão-somente quando o crime já ocorreu parece oferecer aos policiais uma sensação sempre renovada de imobilidade e impotência.

Está correto o que se afirma em:

a) I e II são proposições verdadeiras e II é uma justificativa correta da I.

b) I e II são proposições verdadeiras, mas II não é uma justificativa correta da I.

c) I é uma proposição falsa e II é uma proposição verdadeira.

d) I é uma proposição verdadeira e II é uma proposição falsa.

42. (FUMARC – 2018 – PC/MG – ESCRIVÃO) A relação entre Criminologia e Direito Penal está evidenciada de forma correta em:

a) A Criminologia aproxima-se do fenômeno delitivo, sendo prescindível a obtenção de uma informação direta desse fenômeno. Já o Direito Penal limita interessadamente a realidade criminal, mediante os princípios da fragmentariedade e da seletividade, observando a realidade sempre sob o prisma do modelo típico.

b) A Criminologia e o Direito Penal são disciplinas autônomas e interdependentes, e possuem o mesmo objetivo com meios diversos. A Criminologia, na atualidade, erige-se em estudos críticos do próprio Direito Penal, o que evita qualquer ideia de subordinação de uma ciência em cotejo com a outra.

c) A Criminologia tem natureza formal e normativa. Ela isola um fragmento parcial da realidade, a partir de critérios axiológicos. Por outro lado, o Direito Penal reclama do investigador uma análise totalizadora do delito, sem mediações formais ou valorativas que relativizem ou obstaculizem seu diagnóstico.

d) A Criminologia versa sobre normas que interpretam em suas conexões internas, sistematicamente. Interpretar a norma e aplicá-la ao caso concreto, a partir de seu sistema, são os momentos centrais da Criminologia. Por isso, ao contrário do Direito Penal, que é uma ciência empírica, a Criminologia tem um método dogmático e seu proceder é dedutivo sistemático.

43. (FUMARC – 2018 – PC/MG – ESCRIVÃO) A respeito dos objetos da Criminologia, analise as assertivas a seguir:

I. O conceito de delito para a Criminologia é o mesmo para o Direito Penal, razão pela qual tais disciplinas se mostram complementares e interdependentes.

II. Desde os teóricos do pensamento clássico, o centro dos interesses investigativos da primitiva Criminologia sempre esteve no estudo do criminoso, prisioneiro de sua própria patologia (determinismo biológico), ou de processos causais alheios (determinismo social).

III. O controle social consiste em um conjunto de mecanismos e sanções sociais que pretendem submeter o indivíduo aos modelos e às normas comunitários. Para alcançar tais metas, as organizações sociais lançam mão de dois sistemas articulados entre si: o controle social informal e o controle social formal.

IV. A particularidade essencial da vitimologia reside em questionar a aparente simplicidade em relação à vítima e mostrar, ao mesmo tempo, que o estudo da vítima é complexo, seja na esfera do indivíduo, seja na interrelação existente entre autor e vítima.

São corretas apenas as assertivas:

a) I, II e III.

b) II e IV.

c) II, III e IV.

d) III e IV.

44. (FUMARC – 2018 – PC/MG – ESCRIVÃO)

Pesquisa inédita diz que não há relação direta entre homicídios na zona sul de São Paulo e o tráfico de drogas

Estudo desvincula tráfico de violência

Pesquisa inédita reproduz a geografia das drogas em São Paulo e revela que não se pode associar diretamente o tráfico à violência, principalmente aos homicídios.

Mostra também que a maconha é a droga mais apreendida e que ela é mais usada em bairros de classe média da região sudoeste da cidade, como Pinheiros, Campo Belo e Vila Mariana.

O estudo, realizado pela Fundação Escola de Sociologia e Política (Fesp), com apoio do Ilanud, órgão da ONU que trata da violência, e do Conen (Conselho Estadual de Entorpecentes), fez o levantamento das prisões de pessoas acusadas de uso e de tráfico de drogas nos distritos policiais da capital, durante o segundo semestre de 1996. O trabalho foi concluído no final de 1997.

Nesse período, houve 501 casos de apreensão de maconha, 362 de cocaína e 358 de crack. A maconha representou mais de um terço das apreensões.

Segundo a pesquisa, o maior volume de prisões de traficantes acontece no centro e na zona norte da cidade. Nessas regiões, estão os bairros onde ocorreram entre 6 e mais de 20 prisões de traficantes no segundo semestre de 1996.

De acordo com o chefe do CPM (Comando de Policiamento Metropolitano de São Paulo), coronel Valdir Suzano, a distribuição do efetivo da PM é proporcional à quantidade de habitantes de cada região da cidade, o que, em princípio, descartaria a hipótese de um número menor de apreensões de drogas na zona sul em razão de uma menor presença da polícia.

O estudo questiona a habitual vinculação dos homicídios ocorridos na zona sul ao envolvimento de seus autores e vítimas com o tráfico ou o uso de drogas.

Segundo o DHPP (Departamento de Homicídio e Proteção à Pessoa), 40% das chacinas ocorridas na região sul de São Paulo têm envolvimento de drogas.

No entanto, de acordo com a pesquisa da Fesp, na região sul, a mais violenta da cidade, é onde acontece o menor número de prisões por causa de drogas. "A Seccional Santo Amaro vem sendo a campeã dos homicídios na cidade (em sua área ocorrem cerca de 25% dos assassinatos da capital). Contudo, apresenta taxa pequena ou média de tráfico", disse o pesquisador Guaracy Mingardi.

"Portanto, não se pode dizer que exista uma correlação imediata entre homicídio e tráfico de entorpecentes."

Segundo Mingardi, a alta incidência de criminalidade na zona sul pode ser explicada pela ocupação desordenada da região.

"Lá é a zona desorganizada, de ocupação recente. Ela é mais violenta porque não há uma sociabilidade antiga que una as pessoas. É uma região pobre, sem infraestrutura, onde predomina a cultura da violência. O tráfico mata, mas não é tanto quanto se supõe".

https://www1.folha.uol.com.br/fsp/cotidian/ff12069801.htm

De acordo com a teoria da ecologia criminal formulada pela Escola de Chicago, aplicada à reportagem, é incorreto afirmar:

a) A ausência completa do Estado dá origem a uma sensação de completa anomia, condição potencializadora para o surgimento de grupos justiceiros, bandos armados que acabam por substituir o Estado na tarefa do Estado de controle da ordem.

b) Com as transformações muito profundas na cidade, o papel de controle social informal desempenhado pela vizinhança continua a manter o controle da criminalidade. Apesar da fragmentação do controle social formal, a família, a igreja, a escola, o local de trabalho, os clubes de serviço conseguem refrear as condutas humanas.

c) É na periferia, ao menos segundo consta da reportagem, que o maior número de crimes ocorre, pois nessas áreas não há uma forte presença do Estado; os laços que comumente são formados entre as pessoas praticamente inexistem.

d) Os índices mais preocupantes de criminalidade são encontrados naquelas áreas da cidade onde o nível de desorganização social é maior.

45. (FUMARC – 2018 – PC/MG – ESCRIVÃO) Analise com atenção o trecho a seguir:

"[...] surgido nos anos 1960, é o verdadeiro marco da chamada teoria do conflito. Ele significa, desde logo, um abandono do paradigma etiológico-determinista e a substituição de um modelo estático e monolítico de análise social por uma perspectiva dinâmica e contínua de corte democrático. A superação do monismo cultural pelo pluralismo axiológico de pensamento. Assim, a ideia de encarar a sociedade como um todo pacífico, sem fissuras interiores, que trabalha para a manutenção da coesão social, é substituída, em face de uma crise de valores, por uma referência que aponta para as relações conflitivas existentes dentro da sociedade e que estavam mascaradas pelo sucesso do Estado de Bem-Estar Social"

SCHECAIRA, Sérgio Salomão. *Criminologia*. 4. ed. São Paulo: Revista dos Tribunais, 2012. p. 236.

Sobre o trecho, é correto afirmar que se refere ao movimento criminológico

a) do *Labelling approach*, ramificação da Criminologia do Conflito.

b) da anomia, ramificação da Criminologia do Consenso.

c) da associação diferencial, ramificação da Criminologia do Consenso.

d) da subcultura delinquente, ramificação da Criminologia do Conflito.

46. (FUMARC – 2018 – PC/MG – ESCRIVÃO) "Dentre as principais contribuições teóricas da Criminologia Crítica está o fato de que o fundamento mais geral do ato desviado deve ser investigado junto às bases estruturais econômicas e sociais, que caracterizam a sociedade na qual vive o autor do delito. Vale dizer, a perfeita compreensão do fato delituoso não está no fato em si, mas deve ser buscada na sociedade em cujas entranhas podem ser encontradas as causas últimas da criminalidade".

SCHECAIRA, Sérgio Salomão. *Criminologia*. 4. ed. São Paulo: Revista dos Tribunais, 2012. p. 309.

Assim, sendo certo que uma das principais contribuições dos teóricos críticos para a modificação do Direito Penal está em mudar o paradigma das criminalizações, analise as asserções a seguir:

I. A proposta para o processo criminalizador (incriminação legal), a partir da visão crítica, objetiva reduzir as desigualdades de classe e sociais.

PORQUE

II. Faz repensar toda a política criminalizadora do Estado, que deve assumir uma criminalização e penalização da criminalidade das classes sociais dominantes: criminalidade econômica e política (abuso de poder), práticas antissociais na área de segurança do trabalho, da saúde pública, do meio ambiente, da economia popular, do patrimônio coletivo estatal e – não menos importante – contra o crime organizado.

Está correto o que se afirma em:

a) I e II são proposições falsas.

b) I é uma proposição verdadeira e II é uma proposição falsa.

c) I e II são proposições verdadeiras e II é uma justificativa correta da I.

d) I e II são proposições verdadeiras, mas II não é uma justificativa correta da I.

47. (FUNDATEC – 2018 – PC/RS – DELEGADO) A partir da Modernidade, constituíram-se os movimentos e as escolas criminológicas que se concentraram no estudo da criminalidade e da criminalização dos comportamentos, levando em consideração a causa dos delitos. Fatores como a biotipologia humana e o meio ambiente são associados à prática dos delitos. Todavia, pode-se afirmar que uma teoria, em especial, rompe com esse padrão e não recai na análise causal do delito, mas, sim, na análise dos processos de criminalização e do funcionamento das agências de punitividade. Tal teoria é a:

a) Do etiquetamento.

b) Positivista do "homem delinquente".

c) Sociológica do desvio.

d) Evolucionista da espécie.

e) Social da ação.

48. (FUNDATEC – 2018 – PC/RS – DELEGADO) A Criminologia é definida tradicionalmente como a ciência que estuda de forma empírica o delito, o delinquente, a vítima e os mecanismos de controle social. Os autores que fundaram a Criminologia (Positivista) são:

a) Cesare Lombroso, Enrico Ferri e Raffaele Garófalo.

b) Franz Von Liszt, Edmund Mezger e Marquês de Beccaria.

c) Marquês de Beccaria, Césare Lombroso e Michel Foucault.

d) Césare Lombroso, Enrico Ferri e Michel Foucault.

e) Enrico Ferri, Michel Foucault e Nina Rodrigues.

49. (FUNDATEC – 2018 – PC/RS – DELEGADO) A afirmação criminológica "[...] o desvio não é uma qualidade do ato cometido pela pessoa, senão uma consequência da aplicação que os outros fazem das regras e sanções para um "ofensor" tem por função indagar:
a) Quem é definido por desviante?
b) Quem é o criminoso?
c) Por que o criminoso comete crime?
d) Quem é a vítima do criminoso?
e) Quando o desvio irá acontecer?

50. (FUNDATEC – 2018 – PC/RS – DELEGADO) A representação artística a seguir aborda uma mesma temática (vício) sob duas perspectivas: tradicional e contemporânea. Dessa observação, resta evidenciado um novo padrão de comportamento humano, despertado pelo advento da tecnologia. Em suma, a imagem comunica uma crítica sobre a sociedade e o modo de vida atuais.

No mesmo sentido, é a Criminologia _____, como derivação da Criminologia _____, que insere novos temas, ícones e símbolos criminais na interpretação do processo de seleção de condutas humanas como típicas e suas formas de resposta ao delito.

Assinale a alternativa que preenche, correta e respectivamente, as lacunas do trecho.
a) cultural – crítica
b) cibernética – positiva
c) crítica – cultural
d) positivista – crítica
e) científica – positivista

51. (FUNDATEC – 2018 – PC/RS – DELEGADO) Observe os seguintes casos e responda ao comando da questão:

Amanda, adolescente negra, vive com medo e deixou de adicionar amigos em seu perfil nas redes sociais. Mesmo assim, sofre agressões de outras jovens que enviam mensagens adjetivando-a como "nojenta, nerd e lésbica".

Pedro, 20 anos, transgênero, teve uma foto sua publicada sem autorização na internet. A imagem resultou em uma montagem depreciativa do seu corpo e acabou "viralizando" na rede. Muitas pessoas postaram mensagens dizendo que se fosse com elas, se matariam. Sob influência da grande repercussão e das mensagens enviadas até por desconhecidos, Pedro praticou suicídio. O ato foi transmitido ao vivo pelas redes sociais e, também, noticiado por outros veículos de mídia.

Uma investigação desses acontecimentos orientada pelos saberes criminológicos contemporâneos, levaria em consideração:

I. Os padrões da heteronormatividade e da cultura homofóbica.

II. As maneiras como as pessoas transgêneros são tratadas pelo sistema de justiça criminal.

III. As diferentes ordens normativas que influenciam a vida das pessoas.

IV. O contexto global, a política e as relações de poder sobre todas as pessoas.

V. A construção dos homens como violentos e das mulheres como vítimas.

Quais estão corretas?

a) As assertivas I, II, III, IV e V, posto que se referem às criminologias *queer* e feminista.

b) Apenas as assertivas I, II e III, porque as demais não são temáticas criminológicas.

c) Apenas as assertivas IV e V, porque as outras não são válidas na Criminologia.

d) Nenhuma das assertivas, já que nenhuma se relaciona com a Criminologia.

e) Apenas a assertiva III, porque a ordem normativa se relaciona com o Direito Penal

52. (IADES – 2018 – PM/DF – SOLDADO) Assinale a alternativa que apresenta funções da Criminologia.

a) Explicar o crime e definir as medidas de combate à criminalidade que serão impostas ao Poder Executivo, ao Comando da Polícia Militar e à Secretaria de Segurança Pública.

b) Avaliar os diferentes modelos de resposta ao crime e criar tipos penais, bem como hipóteses de aumento ou de diminuição das penas em abstrato.

c) Explicar o crime, preveni-lo e criar tipos penais, auxiliando o Poder Legislativo no trâmite de medidas provisórias dessa natureza.

d) Avaliar os diferentes modelos de resposta ao crime, explicar o crime e prevenir o crime.

e) Intervir na pessoa do infrator e auxiliar o Poder Judiciário na aplicação das normas por meio de pareceres nos processos criminais em curso.

53. (IADES – 2018 – PM/DF – SOLDADO) Assinale a alternativa que indica objetos da Criminologia.

a) Delinquência infanto-juvenil, delinquente, vítima e interdisciplinaridade.

b) Delito, delinquente, vítima e controle social.

c) Delito, delinquente, empiria e interdisciplinaridade.

d) Empiria, interdisciplinaridade, vítima e controle social.

e) Delito, delinquente, vítima e controle moral.

QUESTÕES

54. (IADES – 2018 – PM/DF – SOLDADO) Cobertura normativa completa, sem lacunas, e com tendência intimidatória por meio de órgãos de persecução penal qualificados, efetivos e implacáveis que, a rigor, retratam um sistema que aplica as penas com celeridade e de maneira severa, reforçando a seriedade das cominações legais, a despeito das infindáveis críticas.

Os postulados apresentados pertencem ao modelo:

a) motivacional.

b) ressocializador.

c) de segurança cidadã.

d) integrador.

e) clássico.

55. (INSTITUTO ACESSO – 2019 – PC/ES – DELEGADO) No Estado Democrático de Direito, a prevenção criminal é integrante da agenda federativa passando por vários setores do Poder Público, não se restringindo à Segurança Pública e ao Judiciário. Com relação à prevenção criminal, assinale a afirmativa correta:

a) A prevenção primária se orienta aos grupos que ostentam maior risco de protagonizar o problema criminal, se relacionando com a política legislativa penal e com a ação policial.

b) A prevenção secundária corresponde a estratégias de política cultural, econômica e social, atuando, por exemplo, na garantia da educação, saúde, trabalho e bem-estar social.

c) A prevenção terciária se orienta aos grupos que ostentam maior risco de protagonizar o problema criminal, se relacionando com a política legislativa penal e com a ação policial.

d) A prevenção secundária tem como destinatário o condenado, se orientando a evitar a reincidência da população presa por meio de programas reabilitadores e ressocializadores.

e) A prevenção primária corresponde a estratégias de política cultural, econômica e social, atuando, por exemplo, na garantia da educação, saúde, trabalho e bem-estar social.

56. (INSTITUTO ACESSO – 2019 – PC/ES – DELEGADO) A dor causada à vítima, ao ter que reviver a cena do crime, ao ter que declarar ao juiz o sentimento de humilhação experimentado, quando os advogados do acusado culpam a vítima, argumentando que foi ela própria que, com sua conduta, provocou o delito. Os traumas que podem ser causados pelo exame médico-forense, pelo interrogatório policial ou pelo reencontro com o agressor em juízo, e outros, são exemplos da chamada vitimização:

a) indireta.

b) secundária.

c) primária.

d) terciária.

e) direta.

57. (INSTITUTO ACESSO – 2019 – PC/ES – DELEGADO) Na atualidade se observa uma generalização do sentimento coletivo de insegurança nos cidadãos, caracterizado tanto pelo temor de tornarem-se vítimas, como pela preocupação, ou estado de ânimo coletivo, com o problema do delito. Considere as afirmativas e marque a única correta.

a) O incremento dos índices de criminalidade registrada (tese do volume constante do delito) mantém correspondência com as demonstrações das pesquisas de vitimização já que seus dados procedem das mesmas repartições do sistema legal.

b) A população reclusa oferece uma amostra confiável e representativa da população criminal real, já que os agentes do controle social se orientam pelo critério objetivo do fato cometido e limitam-se a detectar o infrator, qualquer que seja este.

c) O fenômeno do medo ao delito não enseja investigações empíricas na Criminologia por tratar-se de uma consequência trivial da criminalidade diretamente proporcional ao risco objetivo.

d) O medo do delito pode condicionar negativamente o conteúdo da política criminal imprimindo nesta um viés de rigor punitivo, contrário, portanto, ao marco político-constitucional do nosso sistema legal.

e) As pesquisas de vitimização constituem uma insubstituível fonte de informação sobre a criminalidade real, já que seus dados procedem das repartições do sistema legal sendo condicionantes das estatísticas oficiais

58. (INSTITUTO ACESSO – 2019 – PC/ES – DELEGADO) A Criminologia Crítica contempla uma concepção conflitual da sociedade e do Direito. Logo, para a Criminologia Crítica, o conflito social:

a) se produz entre as pautas normativas dos diversos grupos sociais, cujas valorações são discrepantes.

b) é funcional porque assegura a mudança social e contribui para a integração e conservação da ordem e do sistema.

c) é um conflito de classe sendo que o sistema legal é um mero instrumento da classe dominante para oprimir a classe trabalhadora.

d) representa a própria estrutura e dinâmica da mudança social, sendo o crime produto normal das tensões sociais.

e) expressa uma realidade patológica inerente a ordem social.

59. (INSTITUTO ACESSO – 2019 – PC/ES – DELEGADO) Leia o texto a seguir e responda ao que é solicitado.

"Os irmãos Batista, controladores da JBS, tiveram vantagem indevida de quase R$73 milhões com a venda de ações da companhia antes da divulgação do acordo de delação premiada que veio a público em 17/05/2017, conforme as conclusões do inquérito da Comissão de Valores Mobiliários (CVM). O caso analisa eventual uso de informação privilegiada e manipulação de mercado por Joesley e Wesley Batista, e quebra do dever de lealdade, abuso de poder e manipulação de preços pela FB Participações".

(Jornal Valor Econômico, 13/08/2018) Com relação à criminalidade denominada de colarinho branco, pode-se afirmar que a teoria da associação diferencial:

a) sustenta como causa da criminalidade de colarinho branco a proposição de que o criminoso de hoje era a criança problemática de ontem.

b) entende que o delito é derivado de anomalias no indivíduo podendo ocorrer em qualquer classe social.

c) sustenta que o crime está concentrado na classe baixa, sendo associado estatisticamente com a pobreza.

d) sustenta que a aprendizagem dos valores criminais pode acontecer em qualquer cultura ou classe social.

e) enfatiza os fatores sociopáticos e psicopáticos como origem do crime da criminalidade de colarinho branco.

60. (INSTITUTO ACESSO – 2019 – PC/ES – DELEGADO) Uma informação confiável e contrastada sobre a criminalidade real que existe em uma sociedade é imprescindível, tanto para formular um diagnóstico científico, como para desenhar os oportunos programas de prevenção. Assinale a alternativa correta:

a) A criminalidade real corresponde à totalidade de delitos perpetrados pelos delinquentes. A criminalidade revelada corresponde à quantidade de delitos que chegou ao conhecimento do Estado. A cifra negra corresponde à ausência de registro de práticas antissociais do poder político e econômico.

b) A criminalidade real corresponde à quantidade de delitos que chegou ao conhecimento do Estado. A criminalidade revelada corresponde à totalidade de delitos perpetrados pelos delinquentes. A cifra negra corresponde à ausência de registro de práticas antissociais do poder político e econômico.

c) A criminalidade real corresponde à quantidade de delitos que chegou ao conhecimento do Estado. A criminalidade revelada corresponde à totalidade de delitos perpetrados pelos delinquentes. A cifra negra corresponde à quantidade de delitos não comunicados ou não elucidados dos crimes de rua.

d) A criminalidade real corresponde à quantidade de delitos que chegou ao conhecimento do Estado. A criminalidade revelada corresponde à totalidade de delitos perpetrados pelos delinquentes. A cifra negra corresponde à violência policial, cujos índices não são levados ao conhecimento das corregedorias.

e) A criminalidade real corresponde à totalidade de delitos perpetrados pelos delinquentes. A criminalidade revelada corresponde à quantidade de delitos que chegou ao conhecimento do Estado. A cifra negra corresponde à quantidade de delitos não comunicados ou não elucidados dos crimes de rua.

61. (INSTITUTO ACESSO – 2019 – PC/ES – DELEGADO) O estudo da pessoa do infrator teve seu protagonismo durante a fase positivista na evolução histórica da Criminologia. Assinale, dentre as afirmativas a seguir, a que descreve corretamente como a Criminologia tradicional o examina.

a) A Criminologia tradicional examina a pessoa do infrator como uma realidade biopsicopatológica, considerando o determinismo biológico e social.

b) A Criminologia tradicional examina a pessoa do infrator como um incapaz de dirigir por si mesmo sua vida, cabendo ao Estado tutelá-lo.

c) A Criminologia tradicional examina a pessoa do infrator como uma unidade biopsicossocial, considerando suas interdependências sociais.

CRIMINOLOGIA
para concursos

d) A Criminologia tradicional examina a pessoa do infrator como um sujeito determinado pelas estruturas econômicas excludentes, sendo uma vítima do sistema capitalista.

e) A Criminologia tradicional examina a pessoa do infrator como alguém que fez mau uso da sua liberdade embora devesse respeitar a lei.

62. (INSTITUTO ACESSO – 2019 – PC/ES – DELEGADO) "A vítima do delito experimentou um secular e deliberado abandono. Desfrutou do máximo protagonismo [...] durante a época da justiça privada, sendo depois drasticamente "neutralizada" pelo sistema legal moderno [...]"

MOLINA, Antonio Garcia-Pablos de; GOMES, Luiz Flávio, 2008, p. 73

A Vitimologia impulsionou um processo de revisão científica do papel da vítima no fenômeno delitivo. Leia as afirmativas a seguir e assinale a alternativa incorreta sobre o tema.

a) A vitimologia ocupa-se, sobretudo, do estudo sobre os riscos de vitimização, dos danos que sofrem as vítimas como consequência do delito assim como da posterior intervenção do sistema legal, dentre outros temas.

b) A Criminologia tradicional desconsiderou o estudo da vítima por considerá-la mero objeto neutro e passivo, tendo polarizado em torno do delinquente as investigações sobre o delito, sua etiologia e prevenção.

c) Os pioneiros da vitimologia compartilhavam uma análise etiológica e interacionista, sendo que suas tipologias ponderavam sobre o maior ou menor grau de contribuição da vítima para sua própria vitimização.

d) A Psicologia Social destacou-se como marco referencial teórico às investigações vitimológicas, fornecendo modelos teóricos adequados à interpretação e explicação dos dados.

e) O redescobrimento da vítima e os estudos científicos decorrentes se deram a partir da Primeira Guerra Mundial em atendimento daqueles que sofreram com os efeitos dos conflitos e combates.

63. (INSTITUTO ACESSO – 2019 – PC/ES – DELEGADO) Os modelos sociológicos contribuíram decisivamente para um conhecimento realista do problema criminal demonstrando a pluralidade de fatores que com ele interagem. Leia as afirmativas a seguir, e marque a alternativa incorreta:

a) As teorias conflituais partem da premissa de que o conflito expressa uma realidade patológica da sociedade sendo nocivo para ela na medida em que afeta o seu desenvolvimento e estabilidade.

b) As teorias ecológicas partem da premissa de que a cidade produz delinquência, valendo-se dos conceitos de desorganização e contágio social inerentes aos modernos núcleos urbanos.

c) As teorias subculturais sustentam a existência de uma sociedade pluralista com diversos sistemas de valores divergentes em torno dos quais se organizam outros tantos grupos desviados.

d) As teorias estrutural-funcionalistas consideram a normalidade e a funcionalidade do crime na ordem social, menosprezando o componente biopsicopatológico no diagnóstico do problema criminal.

e) As teorias de aprendizagem social sustentam que o comportamento delituoso se aprende do mesmo modo que o indivíduo aprende também outras atividades lícitas em sua interação com pessoas e grupos.

64. (INSTITUTO ACESSO – 2019 – PC/ES – DELEGADO) A Criminologia adquiriu autonomia e status de ciência quando o positivismo generalizou o emprego de seu método. Nesse sentido, é correto afirmar que a Criminologia é uma ciência:

a) do "dever ser"; logo, utiliza-se do método abstrato, formal e dedutivo, baseado em deduções lógicas e da opinião tradicional.

b) empírica e teorética; logo, utiliza-se do método indutivo e empírico, baseado em deduções lógicas e opinativas tradicionais.

c) do "ser"; logo, serve-se do método indutivo e empírico, baseado na análise e observação da realidade.

d) do "dever ser"; logo, utiliza-se do método indutivo e empírico, baseado na análise e observação da realidade.

e) do "ser"; logo, serve-se do método abstrato, formal e dedutivo, baseado em deduções lógicas e da opinião tradicional.

65. (INSTITUTO ACESSO – 2019 – PC/ES – DELEGADO) O pensamento criminológico moderno, de viés macrossociológico, é influenciado pela visão de cunho funcionalista (denominada teoria da integração, mais conhecida por teorias do consenso) e de cunho argumentativo (denominada por teorias do conflito). É correto afirmar que:

a) são exemplos de teorias do consenso a Escola de Chicago, a teoria de associação diferencial, a teoria da subcultura do delinquente e a teoria do etiquetamento.

b) são exemplos de teorias do conflito a teoria de associação diferencial a teoria da anomia, a teoria do etiquetamento e a teoria crítica ou radical.

c) são exemplos de teorias do consenso a Escola de Chicago, a teoria de associação diferencial, a teoria da anomia e a teoria da subcultura do delinquente.

d) são exemplos da teoria do consenso a teoria de associação diferencial, a teoria da anomia, a teoria do etiquetamento e a teoria crítica ou radical.

e) são exemplos da teoria do conflito a Escola de Chicago, a teoria de associação diferencial, a teoria da anomia e a teoria da subcultura do delinquente.

66. (INSTITUTO ACESSO – 2019 – PC/ES – DELEGADO) A moderna Criminologia se dedica, também, ao estudo do controle social do delito, tendo este objeto representado um giro metodológico de grande importância. Assinale a alternativa correta:

a) a família, a escola, a opinião pública, por exemplo, são instituições encarregadas de exercer o controle social primário.

b) a polícia, o Judiciário, a administração penitenciária, por exemplo, são instituições encarregadas de exercer o controle social informal.

c) a polícia, o Judiciário, a administração penitenciária, por exemplo, são instituições encarregadas de exercer o controle social formal.

d) a família, a escola, a opinião pública, por exemplo, são instituições encarregadas de exercer o controle social terciário.

e) a família, a escola, a opinião pública, por exemplo, são instituições encarregadas de exercer o controle social secundário.

67. (INSTITUTO ACESSO – 2019 – PC/ES – DELEGADO) Constitui um dos objetivos metodológicos da teoria do *labelling approach* (Teoria do Etiquetamento Social) o estudo detalhado da atuação do controle social na configuração da criminalidade. Assinale a alternativa correta:

a) Para o *labelling approach*, o controle social penal possui um caráter seletivo e discriminatório gerando a criminalidade.

b) O *labelling approach* é uma teoria da criminalidade que se aproxima do paradigma etiológico convencional para explicar a distribuição seletiva do fenômeno criminal.

c) Para o *labelling approach*, um sistemático e progressivo endurecimento do controle social penal viabilizaria o alcance de uma prevenção eficaz do crime.

d) O *labelling approach*, como explicação interacionista do fato delitivo, destaca o problema hermenêutico da interpretação da norma penal.

e) O *labelling approach* surge nos Estados Unidos nos anos 1980, admitindo a normalidade do fenômeno delitivo e do delinquente.

68. (NUCEPE – 2018 – PC/PI – DELEGADO) O crime é um comportamento valorado pelo direito. Acerca da Sociologia Criminal, podemos afirmar:

a) Ciência que tem como finalidade o estudo do criminoso-nato, sob seu aspecto amplo e integral: psicológico, social, econômico e jurídico.

b) Ciência que explica a correlação crime-sociedade, sua motivação, bem como sua perpetuação.

c) Busca, precipuamente, explicar e justificar os fatores psicológicos que levam ao crime.

d) Tem como objetivo maior, a ressocialização do preso, estabelecendo estudos de inclusão social.

e) Ciência que estuda as relações entre as pessoas que pertencem a uma comunidade, e se ocupa em estudar a vida social humana.

69. (NUCEPE – 2018 – PC/PI – DELEGADO) Sobre a Vitimologia, assinale a alternativa correta.

a) De acordo com a classificação das vítimas, formulada por Mendelsohn, a vítima simuladora é aquela que voluntária ou imprudentemente, colabora com o ânimo criminoso do agente.

b) É denominada terciária a vitimização que corresponde aos danos causados à vítima em decorrência do crime.

c) De acordo com a ONU, apenas são consideradas vítimas as pessoas que, individual ou coletivamente, tenham sofrido lesões físicas ou mentais, por atos ou omissões que representem violações às leis penais, incluídas as leis referentes ao abuso criminoso do poder.

d) O surgimento da Vitimologia ocorreu no início do século XVIII, com os estudos pioneiros de Hans Von Hentig, seguido por Mendelsohn.

e) É denominada secundária a vitimização causada pelas instâncias formais de controle social, no decorrer do processo de registro e apuração do crime.

70. (NUCEPE – 2018 – PC/PI – DELEGADO) Sobre a Criminologia é correto afirmar:

a) o crime é um fenômeno social.

b) estuda o crime, o criminoso, mas não a vítima.

c) é uma ciência normativa e valorativa.

d) o crime é um fenômeno filosófico.

e) não tem por base a observação e a experiência.

71. (NUCEPE – 2018 – PC/PI – DELEGADO) Acerca da História da Criminologia, marque a alternativa correta:

a) Desde a Antiguidade, o Direito Penal, em concreto, passou a ser compilado em Códigos e âmbitos jurídicos, tal qual como nos dias de hoje, entretanto, algumas vezes eram imprecisos.

b) O Código de Hamurabi (Babilônia) possuía dispositivos, punindo furtos, roubos, mas não considerava crime, a corrupção praticada por altos funcionários públicos.

c) Durante a Antiguidade, o crime era considerado pecado, somente na Idade Média, é que a dignidade da pessoa humana passou a ser considerada, e as punições deixaram de ser cruéis.

d) Em sua obra *A política*, Aristóteles, ressaltou que a miséria causa rebelião e delito. Para o referido filósofo, os delitos mais graves eram os cometidos para possuir o voluptuário, o supérfluo.

e) Da Antiguidade à Modernidade, o furto famélico (roubar para comer) nunca foi considerado crime.

72. (NUCEPE – 2018 – PC/PI – DELEGADO) Marque a alternativa correta, no que diz respeito à classificação do criminoso, segundo Lombroso:

a) Criminoso louco: é o tipo de criminoso que tem instinto para a prática de delitos, é uma espécie de selvagem para a sociedade.

b) Criminoso nato: é aquele tipo de criminoso malvado, perverso, que deve sobreviver em manicômios.

c) Criminoso por paixão: aquele que utiliza de violência para resolver problemas passionais, geralmente é nervoso, irritado e leviano.

d) Criminoso por paixão: este aponta uma tendência hereditária, possui hábitos criminosos influenciados pela ocasião.

e) Criminoso louco: é o criminoso sórdido com deficiência do senso moral e com hábitos criminosos influenciados pela situação.

73. (VUNESP – 2018 – PC/BA – DELEGADO) Assinale a alternativa correta no que diz respeito à Criminologia e ao controle social.

a) A Criminologia crítica radical, através de análises profundas e contundentes, busca apresentar meios eficazes de aperfeiçoamento do controle social exercido pela justiça criminal.

b) A afirmação do criminólogo Jeffery, no sentido de que "mais leis, mais penas, mais policiais, mais juízes, mais prisões significam mais presos, porém não necessariamente menos delitos", refere-se a uma crítica ao controle social informal.

c) A esterilização eugenista aplicada a criminosos contumazes e estupradores com o objetivo de evitar a procriação foi sustentada, no início do século XX, como forma de controle social por correntes criminológicas derivadas do pensamento positivista.

d) a conclusão de uma pesquisa que indica maior punibilidade para negros (mais condenados do que indiciados e mais presos em flagrante do que indiciados por portaria) contradiz os fundamentos da Criminologia Crítica em relação ao controle social.

e) A incipiente Criminologia na Escola Clássica afastava o livre-arbítrio como fundamento do sistema penal de controle social.

74. (VUNESP – 2018 – PC/BA – DELEGADO) Assinale a alternativa que contém um exemplo de prevenção de infrações penais preponderantemente primária.

a) Construção de uma praça com equipamentos de lazer em uma comunidade com altos índices de criminalidade e de vulnerabilidade social com o fim de evitar que jovens daquele local, em especial em situação de risco, envolvam-se com a criminalidade.

b) Projeto Começar de Novo, que visa devolver aos cumpridores de pena e egressos a autoestima e a cidadania suprimidas com a privação de sua liberdade, por meio de ações de caráter preventivo, educativo e ressocializador, atuando, assim, na humanização, a fim de que referido público valorize a liberdade e passe a fazer escolhas melhores em sua vida, evitando o retorno ao cárcere.

c) Implementação de sistemas de leitores óticos de placas de veículos nas ruas e avenidas da cidade de Salvador para identificação de veículos relacionados a algum tipo de crime.

d) Bloqueio que impeça a ativação e utilização de aparelhos de telefonia celular subtraídos do legítimo proprietário por meio de uma conduta criminosa.

e) Melhoria de atendimento pré e pós-natal a todas as gestantes de uma determinada cidade com a finalidade de reduzir os índices criminais no município.

75. (VUNESP – 2018 – PC/BA – DELEGADO) No que diz respeito aos estudos desenvolvidos no âmbito da vitimologia, assinale a alternativa correta.

a) O linchamento do autor de um crime por populares em uma rua pode ser classificado como uma vitimização secundária e terciária.

b) A chamada da vítima na fase processual da persecução penal para ser ouvida sobre o crime, por inúmeras vezes, é denominada de vitimização secundária.

c) A longa espera da vítima de um crime em uma delegacia de polícia para o registro do crime é denominada de vitimização terciária.

d) A vítima só passa a ter um contorno sistemático em sua abordagem criminológica a partir do fim da primeira guerra mundial, na segunda década do século XX.

e) As pesquisas de vitimização têm por objetivo principal mensurar a vitimização secundária.

QUESTÕES

76. (VUNESP – 2018 – PC/BA – DELEGADO) Em relação ao conceito de crime, de criminoso e de pena nas diversas correntes do pensamento criminológico e ao desenvolvimento científico de seus modelos teóricos, é correto afirmar:

a) A Criminologia Científica nasceu no ambiente do século XVIII, recebendo contribuições da Escola Positivista, mas ganhando contornos mais precisos com a Escola Clássica.

b) A Criminologia Crítica compreende que a finalidade da sociedade é atingida quando há um perfeito funcionamento das suas instituições, de forma que os indivíduos compartilhem as regras sociais dominantes.

c) As teorias desenvolvidas nas escolas positivistas a partir do método dedutivo buscaram maximizar as garantias individuais na persecução penal e fora dela.

d) No pensamento criminológico das escolas clássicas, identifica-se uma grande preocupação com os conceitos de crime e pena como entidades jurídicas e abstratas de modo a estabelecer a razão e limitar o poder de punir do Estado.

e) Os modelos teóricos de integração que compõem a Criminologia tradicional partem da premissa de que toda a sociedade está, a cada momento, sujeita a processos de mudança, exibindo dissensão e conflito, haja vista que todo elemento em uma sociedade contribui, de certa forma, para sua desintegração e mudança. Assim, a sociedade é baseada na coerção de alguns de seus membros por outros.

77. (VUNESP – 2018 – PC/BA – DELEGADO) No tocante às teorias da subcultura delinquente e da anomia, assinale a alternativa correta.

a) Uma das principais críticas às teorias da subcultura delinquente é a de que ela não consegue oferecer uma explicação generalizadora da criminalidade, havendo um apego exclusivo a determinado tipo de criminalidade, sem que se tenha uma abordagem do todo.

b) A teoria da anomia, sob a perspectiva de Durkheim, define-se a partir do sintoma do vazio produzido quando os meios socioestruturais não satisfazem as expectativas culturais da sociedade, fazendo com que a falta de oportunidade leve à prática de atos irregulares para atingir os objetivos almejados.

c) A teoria da anomia, sob a perspectiva de Merton, define-se a partir do momento em que a função da pena não é cumprida, por exemplo, instaura-se uma disfunção no corpo social que desacredita o sistema normativo de condutas, fazendo surgir a anomia. Portanto, a anomia não significa ausência de normas, mas o enfraquecimento de seu poder de influenciar condutas sociais.

d) O utilitarismo da ação é um dos fatores que caracterizam a subcultura deliquencial sob a perspectiva de Albert Cohen.

e) O sentimento de impunidade vivenciado por uma sociedade é antagônico ao conceito de anomia identificado sob a ótica de Durkheim.

78. (VUNESP – 2018 – PC/BA – DELEGADO) Assinale a alternativa que indica a correta relação da Criminologia com a Política Criminal, Direito Penal ou com o Sistema de Justiça Criminal.

a) O Direito Penal é condicionante e moldura da Criminologia, visto que esta tem por objeto o estudo do crime e, assim, parte em suas diversas correntes e teorias, das definições criminais dogmáticas e legais postas pelo Direito Penal, e a elas se circunscreve.

b) A Criminologia, especialmente em sua vertente crítica, tem como incumbência a explicação e justificação do Sistema de Justiça Criminal que tem por finalidade a implementação do Direito Penal e consequente prevenção criminal.

c) A Política Criminal é uma disciplina que estuda estratégias estatais para atuação preventiva sobre a criminalidade, e que tem como uma das principais finalidades o estabelecimento de uma ponte eficaz entre a Criminologia, enquanto ciência empírica, e o Direito Penal, enquanto ciência axiológica.

d) A Política Criminal é condicionante e moldura da Criminologia, visto que esta tem por objeto o estudo do crime e, assim, parte em suas diversas correntes e teorias, das definições criminais dogmáticas e legais postas pela Política Criminal, e a elas se circunscreve.

e) As teorias criminológicas da integração ou do consenso apontam o sistema de justiça criminal como fator que pode aprofundar a criminalidade, deslocando o problema criminológico do plano da ação para o da reação.

79. (VUNESP – 2018 – PC/SP – AGENTE) Em relação ao conceito e aos objetos de estudo da Criminologia, é correto afirmar que

a) a Criminologia é o ramo das ciências criminais que define as infrações penais (crimes e contravenções) e comina as respectivas sanções (penas e medidas de segurança).

b) a Criminologia extrapola a análise do controle social formal do crime, preocupando-se também com os sistemas informais, e, sob um ponto de vista crítico, pode até mesmo defender a extinção de alguns crimes para determinadas condutas.

c) após os inúmeros equívocos e abusos cometidos a partir das visões lombrosianas, a Criminologia moderna afastou-se do estudo sobre o criminoso, pois funda-se em conceitos democráticos e respeita os direitos fundamentais da pessoa humana.

d) o estudo do crime por parte da Criminologia tem por objetivo principal a análise de seus elementos objetivos e subjetivos indispensáveis à tipificação penal.

e) a preocupação com o estudo da vítima motivou a criação da Criminologia como ciência autônoma, sendo este, por consequência, seu primeiro objeto de estudo.

80. (VUNESP – 2018 – PC/SP – AGENTE) Em relação ao método da Criminologia, é correto afirmar que

a) em razão do volume de dados, a Criminologia foca suas análises em metodologias quantitativas, reservando às ciências jurídicas as metodologias que têm por base análises qualitativas.

b) o método empírico dominou a fase inicial e pré-científica da Criminologia, cedendo espaço posteriormente ao método dogmático e descritivo, que melhor se adequa à fase científica e ao reconhecimento da Criminologia como ciência autônoma.

c) o método dedutivo é priorizado na Criminologia por respeito à cientificidade deste ramo do saber.

d) o método empírico tem protagonismo, por tratar-se a Criminologia de uma ciência do ser.

e) as premissas dogmáticas norteiam as diversas linhas e pensamentos criminológicos de modo que se permita a sistematização do conhecimento.

QUESTÕES

81. (VUNESP – 2018 – PC/SP – AGENTE) Os conceitos básicos de "desorganização social" e de "áreas de delinquência" são desenvolvidos e relacionados com o fenômeno criminal de modo preponderante, por meio da teoria sociológica da criminalidade, denominada como:

a) Escola de Chicago.

b) Subcultura Delinquente.

c) Associação Diferencial.

d) Anomia.

e) *Labelling approach* ou "etiquetamento".

82. (VUNESP – 2018 – PC/SP – AGENTE) O comportamento criminal é aprendido, mediante a interação com outras pessoas, resultante de um processo de comunicação, ou seja, o crime não pode ser definido simplesmente como disfunção ou inadaptação de pessoas de classes menos favorecidas, não sendo exclusividade destas.

Trata-se, nesse texto, da ideia que é base da teoria sociológica da criminalidade surgida em um ambiente pós-Primeira Guerra Mundial e denominada como:

a) Anomia.

b) Teoria Ecológica do Crime.

c) Associação Diferencial.

d) Subcultura Delinquente.

e) *Labelling approach* ou "etiquetamento".

83. (VUNESP – 2018 – PC/SP – AGENTE) A teoria sociológica da criminalidade que teve, entre seus principais autores, Émile Durkheim e Robert Merton é conhecidamente denominada na Criminologia como

a) Escola de Chicago.

b) Teoria Ecológica do Crime.

c) *Labelling approach* ou "etiquetamento".

d) Associação Diferencial.

e) Anomia.

84. (VUNESP – 2018 – PC/SP – AGENTE) A ausência de utilitarismo da ação, a malícia da conduta e seu respectivo negativismo são fatores associados à teoria sociológica da criminalidade denominada como:

a) Subcultura Delinquente.

b) Anomia.

c) Teoria Ecológica do Crime.

d) *Labelling approach* ou "etiquetamento".

e) Associação Diferencial.

85. (VUNESP – 2018 – PC/SP – AGENTE) Assinale a alternativa correta no que diz respeito aos estudos desenvolvidos no âmbito da Vitimologia.

a) Os estudos, as teorias e as classificações desenvolvidos no âmbito da vitimologia demonstram que a conduta da vítima não pode ser indicada como fator que, de algum modo, contribui para a prática do crime.

b) Uma das grandes contribuições do atual estágio de desenvolvimento da vitimologia foi demonstrar que o fenômeno da subnotificação é um mito e praticamente insignificante em termos quantitativos.

c) O aumento do número de crimes investigados e processados pode ocasionar uma maior vitimização secundária.

d) O preconceito posterior à prática do crime que recai sobre a vítima, em crimes sexuais, por parte da sociedade em geral e que contribui para a subnotificação deste tipo de crime é denominado de vitimização primária.

e) Pesquisas de vitimização devem, paulatinamente, substituir os indicadores criminais baseados em registros de crimes.

86. (VUNESP – 2018 – PC/SP – AGENTE) Assinale a alternativa que apresenta corretamente tipos ou definições de vítimas, nos termos propostos por Benjamin Mendelsohn.

a) Vítima depressiva, vítima indefesa; vítima falsa; vítima imune; vítima reincidente.

b) Vítima isolada; vítima por proximidade; vítima com ânimo de lucro; vítima com ânsia de viver; vítima agressiva.

c) Vítima sem valor; vítima pelo estado emocional; vítima perverse; vítima alcoólatra; vítima por mudança da fase de existência.

d) Vítima que se converte em autor; vítima propensa; vítima da natureza; vítima resistente; vítima reincidente.

e) Vítima completamente inocente ou vítima ideal; vítima de culpabilidade menor ou por ignorância; vítima voluntária ou tão culpada quanto o infrator; vítima mais culpada que o infrator; vítima unicamente culpada.

87. (VUNESP – 2018 – PC/SP – AGENTE) A instalação, na cidade de São Paulo, de câmeras de videomonitoramento que possuem a funcionalidade de leitura de placas de veículos e cruzamento com banco de dados criminais, com o objetivo de identificar veículos utilizados ou que foram objeto da prática de crimes pode ser definida, no âmbito do conceito de Estado Democrático de Direito e dos modernos conceitos de prevenção criminal do crime, como uma medida prioritariamente de prevenção:

a) secundária.

b) básica.

c) quaternária.

d) terciária.

e) primária.

88. (VUNESP – 2018 – PC/SP – AGENTE) Assinale a alternativa correta sobre o atual estágio de desenvolvimento dos estudos criminológicos, em relação ao conceito de prevenção da infração penal e ao respeito ao Estado Democrático de Direito.

a) Não há evidências ou estudos que demonstrem que investimentos tecnológicos nas polícias contribuem para a redução dos crimes.

b) Não há evidências ou estudos que demonstrem que o aumento do número de esclarecimento de crimes e prisões contribuiu para a redução dos crimes.

c) Campanhas de orientação às vítimas de crimes sexuais com o objetivo de que denunciem os agressores acabam por aumentar a vulnerabilidade das vítimas.

d) As mortes decorrentes de oposição à intervenção policial não devem ser equiparadas aos homicídios dolosos em geral para fins criminológicos, em virtude de relacionarem-se a condicionantes criminais diversas.

e) Medidas destinadas a priorizar atendimento policial a determinados tipos de crimes ou vítimas em decorrência da gravidade ou vulnerabilidade não devem ser adotadas sob pena de violação à igualdade de todos perante a lei.

89. (VUNESP – 2018 – PC/SP – AGENTE DE TELECOMUNICAÇÕES) É correto afirmar que o controle social formal é representado, entre outras, pelas seguintes instâncias:

a) Igreja, família e opinião pública.

b) Escola, Igreja e Polícia.

c) Forças Armadas, Polícia e escola.

d) Polícia, Forças Armadas e Ministério Público.

e) Família, escola e Ministério Público.

90. (VUNESP – 2018 – PC/SP – AGENTE DE TELECOMUNICAÇÕES) A Criminologia é uma ciência:

a) do dever ser, conceitual e teórica, que não se utiliza de métodos biológicos e sociológicos.

b) do dever ser, empírica e experimental, que se utiliza de métodos biológicos e sociológicos.

c) do ser, empírica e experimental, que se utiliza de métodos biológicos e sociológicos.

d) reconhecida como doutrina alicerçada no ser e que se utiliza de métodos biológicos, sociológicos e empíricos.

e) do ser, conceitual e teórica, que não se utiliza de métodos biológicos e sociológicos.

91. (VUNESP – 2018 – PC/SP – AGENTE DE TELECOMUNICAÇÕES) Na classificação de Benjamin Mendelsohn, a *vítima imaginária* é considerada uma vítima:

a) mais culpada que o infrator.

b) voluntária ou tão culpada quanto o infrator.

c) completamente inocente ou ideal.

d) unicamente culpada.

e) de culpabilidade menor ou por ignorância.

92. (VUNESP – 2018 – PC/SP – AGENTE DE TELECOMUNICAÇÕES) É correto afirmar que as medidas voltadas à população carcerária, com caráter punitivo e com desiderato na recuperação do recluso para evitar, por meio da ressocialização, sua reincidência,

a) integram a prevenção primária, atacando a raiz do conflito e visando à recuperação do criminoso, diminuindo-se os indicadores criminais.

b) são relevantes para a Criminologia, impactando na diminuição dos indicadores criminais, entretanto não podem ser consideradas como medidas de prevenção.

c) são relevantes para a Criminologia e integram a prevenção terciária, visando à recuperação do criminoso.

d) são relevantes para a Criminologia, atacando a raiz do conflito e visando à recuperação do criminoso, entretanto não podem ser consideradas como medidas de prevenção.

e) são relevantes para a vitimologia, atacando a raiz do conflito e visando à recuperação do criminoso, entretanto não podem ser consideradas como medidas de prevenção.

93. (VUNESP – 2018 – PC/SP – ESCRIVÃO) Assinale a alternativa correta em relação ao conceito, método, objeto ou finalidade da Criminologia.

a) Por ser uma categoria jurídica, o crime não é objeto de estudo da Criminologia, que se ocupa de seus efeitos.

b) A finalidade precípua da Criminologia é fundamentar a tipificação criminal das condutas e as respectivas penas.

c) Criminologia é uma ciência auxiliar do Direito Penal e a ele se circunscreve, visto ocupar-se das consequências dele decorrentes.

d) A vítima, primeiro objeto a ser estudado pela Criminologia, deixou de ser interesse dessa ciência a partir do surgimento da vitimologia.

e) Uma das finalidades da Criminologia, no seu atual estágio de desenvolvimento, é questionar a própria existência de alguns tipos de crimes.

94. (VUNESP – 2018 – PC/SP – ESCRIVÃO) Com relação às teorias sociológicas da criminalidade, é correto afirmar que:

a) a teoria do autocontrole sustenta que as falhas ou negligências na educação em casa, familiar não são causas preponderantes do crime.

b) a teoria da anomia vê o delito como um fenômeno normal da sociedade e não como algo necessariamente ruim.

c) a teoria da associação diferencial foi a primeira a refutar a existência dos crimes de colarinho branco.

d) a teoria da anomia estabelece que a conduta criminal é algo que se aprende.

e) a teoria da associação diferencial defende que os indivíduos adquirem (ou não) a capacidade de controle da impulsividade e imediatismo (autocontrole) por meio da socialização familiar.

95. (VUNESP – 2018 – PC/SP – ESCRIVÃO) Com relação às classificações de vítimas, apresentadas por Benjamim Mendelsohn, em relação aos estudos de vitimologia,

a) vítima resistente é aquela que concorre para a produção do resultado.

b) vítima ideal é aquela que contribui, de alguma forma, para o resultado danoso.

c) vítima como única culpada pode ser exemplificada pelo indivíduo embriagado que atravessa avenida movimentada vindo a falecer atropelado.

d) vítima por ignorância é aquela que não tem nenhuma participação no evento criminoso.

e) vítima completamente inocente é aquela cuja participação ativa é imprescindível para a caracterização do crime.

QUESTÕES

96. (VUNESP – 2018 – PC/SP – ESCRIVÃO) Assinale a alternativa que concilia os princípios do Estado Democrático de Direito com a necessidade de prevenção da infração penal, sob a ótica do atual pensamento criminológico.

a) A violação aos direitos fundamentais do preso, ainda que com a intenção de prevenir crimes, acaba por provocá-los.

b) A pena indeterminada em abstrato e aplicada de acordo com a gravidade em concreto do fato, a livre critério de cada juiz, é mais eficaz em termos de prevenção criminal.

c) A superlotação carcerária demonstra um déficit de aplicação da Lei de Execução Penal, contudo pode até contribuir para a prevenção de infrações penais.

d) A conduta do policial que, em legítima defesa própria ou de terceiros, provoca a morte de alguém que se opôs a uma intervenção legal deve ser equiparada aos crimes de homicídios a fim de que seja destacada a letalidade policial.

e) Os limites impostos pelos direitos fundamentais na investigação do crime são obrigatórios nos termos constitucionais, mas reduzem a eficácia da prevenção criminal.

97. (VUNESP – 2018 – PC/SP – ESCRIVÃO) O objeto de estudo da Criminologia que mais traduz a função exercida pela Polícia Judiciária é:

a) a vítima.

b) o criminoso.

c) o autor do fato.

d) o crime.

e) o controle social.

98. (VUNESP – 2018 – PC/SP – ESCRIVÃO) A atuação da polícia judiciária ao investigar e prender infratores acaba por contribuir com a inserção do infrator no sistema de justiça criminal, inserindo-o em uma "espiral" que o impedirá de retornar à situação anterior sendo, para sempre, definido como criminoso.

Essa afirmação se relaciona, preponderantemente, com qual teoria sociológica da criminalidade?

a) Janelas quebradas.

b) Etiquetamento social.

c) Anomia.

d) Subcultura.

e) Ecológica do crime.

99. (VUNESP – 2018 – PC/SP – ESCRIVÃO) Assinale a alternativa correta no que diz respeito à vitimologia.

a) Na década de 1980 do século XX, a ONU promulgou um dos principais diplomas internacionais no que diz respeito aos direitos das vítimas.

b) Vitimização terciária é definida como o resultado dos obstáculos e sofrimentos vivenciados pela vítima, em decorrência dos procedimentos legais da persecução penal desenvolvida pelo Estado.

CRIMINOLOGIA
para concursos

c) No Brasil, a vitimologia é sistematizada por autores nacionais a partir da década de 1930, ajudando a nortear a elaboração do Código Penal de 1940.

d) Vitimização secundária é definida como o resultado da agressão infligida à vítima pelo autor do crime.

e) O termo "vitimologia" foi cunhado na década de 1920, ao término da primeira guerra mundial.

100. (VUNESP – 2018 – PC/SP – INVESTIGADOR) A Criminologia é a ciência:

a) teorética que tem por objeto o estudo das ciências penais e processuais penais e seus reflexos no controle social, propondo soluções para redução da criminalidade.

b) teorética alicerçada na análise dos antecedentes sociais da criminalidade e dos criminosos, que estuda exclusivamente o crime, propondo soluções para redução da criminalidade.

c) empírica e teorética, alicerçada no estudo das ciências penais e processuais penais e seus reflexos no controle da criminalidade, tendo por objeto a redução da criminalidade.

d) empírica (baseada na observação e na experiência) e interdisciplinar que tem por objeto de análise o crime, a personalidade do autor do comportamento delitivo, a vítima e o controle social das condutas criminosas.

e) conceitual e abstrata, que se dedica ao estudo das armas de fogo e suas munições; das armas brancas e demais armas impróprias, objetivando o controle social e a redução da criminalidade.

101. (VUNESP – 2018 – PC/SP – INVESTIGADOR) É correto afirmar que atualmente o objeto da Criminologia está dividido em quatro vertentes, a saber:

a) vítima, criminoso, polícia e controle social.

b) polícia, ministério público, poder judiciário e controle social.

c) crime, criminoso, vítima e controle social.

d) polícia, ministério público, poder judiciário e sistema prisional.

e) forças de segurança, criminoso, vítima, controle social.

102. (VUNESP – 2018 – PC/SP – INVESTIGADOR) É correto afirmar que Edwin H. Sutherland desenvolveu a teoria da:

a) *Labelling approach.*

b) associação diferencial.

c) crítica e autocrítica.

d) Escola de Chicago.

e) subcultura delinquente.

103. (VUNESP – 2018 – PC/SP – INVESTIGADOR) As vítimas podem ser classificadas da seguinte maneira: vítima completamente inocente ou vítima ideal; vítima de culpabilidade menor ou por ignorância; vítima voluntária ou tão culpada quanto o infrator; vítima mais culpada que o infrator e vítima unicamente culpada. No estudo da Vitimologia, essa classificação é atribuída a:

a) Benjamin Mendelsohn.

b) Enrico Ferri.

c) Césare Bonesana.

d) Césare Lombroso.

e) Raffaele Garófalo.

104. (VUNESP – 2018 – PC/SP – INVESTIGADOR) É considerada como teoria de consenso, criada pelo sociólogo Albert Cohen. Segundo Cohen, esta teoria se caracteriza por três fatores: não utilitarismo da ação; malícia da conduta e negativismo.

Trata-se da seguinte teoria sociológica da criminalidade:

a) Escola de Chicago.

b) associação diferencial.

c) *labelling approach.*

d) subcultura delinquente.

e) teoria crítica.

105. (VUNESP – 2018 – PC/SP – INVESTIGADOR) É correto afirmar que a liberdade assistida e a prestação de serviços comunitários pelos criminosos estão inseridas como medidas de prevenção:

a) primária.

b) imediata.

c) controlada.

d) secundária.

e) terciária.

106. (VUNESP – 2018 – PC/SP – INVESTIGADOR) É correto afirmar que os programas de apoio, de controle de meios de comunicação, de ordenação urbana estão inseridos como medidas de prevenção:

a) secundária.

b) primária.

c) imediata.

d) terciária.

e) controlada.

107. (VUNESP – 2018 – PC/SP – INVESTIGADOR) Com relação à Criminologia no Estado Democrático de Direito, é correto afirmar que as políticas públicas de Segurança Pública devem:

a) primar pela repressão ao crime e pelo combate à corrupção.

b) priorizar a prevenção criminal integralizada com todos os entes federativos.

c) priorizar a prevenção criminal terciária e a repressão ao crime organizado.

d) primar pela repressão criminal integralizada com todos os entes federativos.

e) primar pela repressão ao crime e pelo controle social.

108. (VUNESP – 2018 – PC/SP – INVESTIGADOR) É correto afirmar que a Polícia Civil é uma:

a) Polícia Administrativa, que integra o controle social formal.

b) Polícia Administrativa, que integra o controle social formal e informal.

c) Polícia Judiciária, que não integra o controle social.

d) Polícia Judiciária, que integra o controle social formal.

e) Polícia Judiciária, que integra o controle social informal.

109. (VUNESP – 2018 – PC/SP – PAPILOSCOPISTA) Segundo a doutrina dominante, Criminologia é uma ciência que se serve do método:

a) lógico abstrato.

b) dogmático.

c) normativo.

d) empírico.

e) dedutivo

110. (VUNESP – 2018 – PC/SP – PAPILOSCOPISTA) A Polícia, o Ministério Público, o Poder Judiciário e o Sistema Penitenciário são instituições encarregadas de exercer o controle social:

a) primário.

b) formal.

c) informal.

d) terciário.

e) secundário.

111. (VUNESP – 2018 – PC/SP – PAPILOSCOPISTA) A teoria _____ considera que o crime é um fenômeno natural da vida em sociedade; todavia, sua ocorrência deve ser tolerada, mediante estabelecimento de limites razoáveis, sob pena de subverter a ordem pública, os valores cultuados pela sociedade e o sistema normativo vigente.

a) da associação diferencial

b) do etiquetamento ou *labelling approach*

c) behaviorista

d) da anomia

e) da subcultura delinquente

112. (VUNESP – 2018 – PC/SP – PAPILOSCOPISTA) A _____ é a autorrecriminação da vítima pela ocorrência do crime contra si, buscando razões que, possivelmente, tornaram-na responsável pelo delito.

a) sobrevitimização

b) vitimização primária

c) vitimização secundária

d) vitimização terciária

e) heterovitimização

QUESTÕES

113. (VUNESP – 2018 – PC/SP – PAPILOSCOPISTA) O saber criminológico, no Estado Democrático de Direito, tem por objetivo evitar a ocorrência do delito; portanto, são aspectos importantes de prevenção terciária:

a) o policiamento, a assistência social e o conselho tutelar.

b) a educação, a religião e o lazer.

c) a laborterapia, a liberdade assistida e a prestação de serviços comunitários.

d) as posturas municipais, a classificação etária dos programas televisivos e o civismo.

e) a cultura, a qualidade de vida e o trabalho.

114. (VUNESP – 2018 – PC/SP – PAPILOSCOPISTA) As técnicas de identificação criminal usadas hoje pelas forças policiais americanas estão enraizadas na ciência da antropometria, que se concentra na medição e registro meticulosos de diferentes partes e componentes do corpo humano. Geralmente, a aplicação da lei no final do séc. XIX e início do séc. XX acreditava que cada indivíduo possuía uma combinação única de medidas de diferentes partes do corpo, e a comparação dessas medidas poderia ser usada para distinguir os indivíduos.

(nleomf.org/museum/News/november-2011.Adaptada)

O criminologista que primeiro desenvolveu esse sistema antropométrico foi:

a) Cesare Lombroso.

b) Alphonse Bertillon.

c) Marcello Malpighi.

d) Juan Vucetich.

e) Enrico Ferri.

115. (VUNESP – 2018 – PC/SP – PAPILOSCOPISTA) Impressões digitais (cristas epidérmicas) têm sido usadas como um meio de identificação há mais de 2000 anos. Elas também foram extensivamente estudadas cientificamente por antropólogos e biólogos. No entanto, apesar de todo o conhecimento empírico e experimental, nenhuma explicação amplamente aceita para o desenvolvimento das cristas epidérmicas nos dedos, palmas das mãos e plantas dos pés ainda emergiu. [...].

(Kücken M, Newell AC. Fingerprintformation. *J Theor Biol.* 2005)

O momento em que se dá a completa formação das impressões digitais é:

a) em torno dos 6 meses de gestação.

b) nos 3 primeiros meses de vida após o nascimento.

c) por ocasião do trabalho de parto.

d) 3 semanas após o nascimento.

e) imediatamente após a fertilização.

CRIMINOLOGIA
para concursos

116. (VUNESP – 2018 – PC/SP – PAPILOSCOPISTA) As impressões digitais das mãos humanas têm sido usadas como meio confiável de identificação pessoal há mais de um século. Durante esse tempo, não foram encontrados dois padrões de impressão digital idênticos.

(Swofford, Henry J. The Ontogeny of the Friction Ridge. Georgia State University. Department of Biology. *Journal of Forensic Identification*, 2008)

A afirmação refere-se a um dos postulados da Papiloscopia. Trata-se de:

a) visibilidade.

b) infalibilidade.

c) previsibilidade.

d) variabilidade.

e) perenidade.

117. (VUNESP – 2018 – PC/SP – PAPILOSCOPISTA) O sistema datiloscópico [...] foi introduzido na medicina legal brasileira por volta de 1903, representando uma verdadeira mudança nos métodos de identificação, ante sua praticidade, simplicidade, eficiência e segurança nos resultados [...].

(https://fezanella.jusbrasil.com.br/. Adaptada)

O sistema mencionado no texto refere-se ao sistema criado por:

a) Ricardo Gumbleton Daunt.

b) Rodrigues Alves.

c) Marcello Malpighi.

d) Eduardo Ramos.

e) Juan Vucetich.

Texto para as próximas 5 questões:

Em relação aos preceitos da Criminologia contemporânea e a aspectos relevantes sobre a Justiça Criminal, o sistema Penal e a estrutura social, julgue os itens.

118. (CESPE/CEBRASPE – 2015 – DEPEN – AGENTE FEDERAL DE EXECUÇÃO PENAL) Na Criminologia contemporânea, não se consideram os protagonistas do crime — vítima, infrator e comunidade — nem o desenvolvimento de técnicas de intervenção e controle, pois essas matérias devem ser objeto de políticas públicas de segurança pública e não da ciência criminológica.

Certo ( )   Errado ( )

119. (CESPE/CEBRASPE – 2015 – DEPEN – AGENTE FEDERAL DE EXECUÇÃO PENAL) Entre outros, a reparação do dano é um dos objetivos da Criminologia contemporânea.

Certo ( )   Errado ( )

QUESTÕES

120. (CESPE/CEBRASPE – 2015 – DEPEN – AGENTE FEDERAL DE EXECUÇÃO PENAL) O castigo como reprimenda penal por meio do confronto entre o Estado e o infrator de maneira polarizada caracteriza o modelo criminológico contemporâneo.

Certo ( )   Errado ( )

121. (CESPE/CEBRASPE – 2015 – DEPEN – AGENTE FEDERAL DE EXECUÇÃO PENAL) A justiça criminal, além de aplicar as leis e delimitar o Direito, busca dar cumprimento ao decreto condenatório e assegurar a devida proteção aos direitos e garantias fundamentais dos presos.

Certo ( )   Errado ( )

122. (CESPE/CEBRASPE – 2015 – DEPEN – AGENTE FEDERAL DE EXECUÇÃO PENAL) Segundo o princípio da parcialidade positiva do juiz, diferenças sociais, culturais, econômicas, étnicas, raciais e de outras naturezas devem ser reconhecidas pelo julgador para que este possa chegar a decisões verdadeiramente justas no âmbito criminal.

Certo ( )   Errado ( )

Texto para as próximas 4 questões:

Julgue os itens, referentes às teorias da finalidade da pena.

123. (CESPE/CEBRASPE – 2015 – DEPEN – AGENTE FEDERAL DE EXECUÇÃO PENAL) A teoria justificacionista absoluta concebe a pena como uma finalidade em si mesma, por caracterizar a pena pelo seu intrínseco valor axiológico.

Certo ( )   Errado ( )

124. (CESPE/CEBRASPE – 2015 – DEPEN – AGENTE FEDERAL DE EXECUÇÃO PENAL) A teoria justificacionista relativa pode ser de caráter geral ou especial e considera a pena como meio para a realização do fim utilitário da prevenção de futuros delitos.

Certo ( )   Errado ( )

125. (CESPE/CEBRASPE – 2015 – DEPEN – AGENTE FEDERAL DE EXECUÇÃO PENAL) A função preventiva especial, em razão do caráter abstrato da previsão legal dos delitos e das penas, enfoca o delito e não o infrator individualmente.

Certo ( )   Errado ( )

126. (CESPE/CEBRASPE – 2015 – DEPEN – AGENTE FEDERAL DE EXECUÇÃO PENAL) A teoria utilitarista da prevenção geral negativa age para garantir a segurança social, com a concepção de que a reintegração social é medida necessária para impedir ou, ao menos, diminuir a reincidência criminosa dos condenados à pena privativa de liberdade.

Certo ( )   Errado ( )

CRIMINOLOGIA
para concursos

Texto para as próximas 3 questões:

Acerca do conceito e das funções da Criminologia, julgue os próximos itens.

127. (CESPE/CEBRASPE – 2018 – PC/SE – DELEGADO SUBSTITUTO) A Criminologia é uma ciência dogmática que se preocupa com o ser e o dever ser e parte do fato para analisar suas causas e buscar definir parâmetros de coerção punitiva e preventiva.

Certo ( )   Errado ( )

128. (CESPE/CEBRASPE – 2018 – PC/SE – DELEGADO SUBSTITUTO) Na inter-relação entre o Direito Penal, a política criminal e a Criminologia, compete a esta facilitar a recepção das investigações empíricas e a sua transformação em preceitos normativos, incumbindo-se de converter a experiência criminológica em proposições jurídicas, gerais e obrigatórias.

Certo ( )   Errado ( )

129. (CESPE/CEBRASPE – 2018 – PC/SE – DELEGADO SUBSTITUTO) A pesquisa criminológica científica visa evitar o emprego da intuição ou de subjetivismos no que se refere ao ilícito criminal, haja vista sua função de apresentar um diagnóstico qualificado e conjuntural sobre o delito.

Certo ( )   Errado ( )

Texto para as próximas 3 questões:

Em seu início, a sociologia criminal buscava associar a gênese delituosa a fatores biológicos. Posteriormente, ela passou a englobar as chamadas teorias macrossociológicas, que não se limitavam à análise do delito segundo uma visão do indivíduo ou de pequenos grupos, mas consideravam a sociedade como um todo.

Tendo esse fragmento de texto como referência inicial, julgue os próximos itens, relativos a teorias sociológicas em Criminologia.

130. (CESPE/CEBRASPE – 2018 – PC/SE – DELEGADO SUBSTITUTO) Na perspectiva macrossociológica, o pensamento criminológico moderno é influenciado por duas visões: a das teorias de consenso e a das teorias de conflito.

Certo ( )   Errado ( )

131. (CESPE/CEBRASPE – 2018 – PC/SE – DELEGADO SUBSTITUTO) Relacionada a movimentos conservadores e a orientações políticas também conservadoras, a teoria sociológica do conflito considera que a harmonia social advém da coerção e do uso da força, pois as sociedades estão sujeitas a mudanças contínuas e são predispostas à dissolução.

Certo ( )   Errado ( )

132. (CESPE/CEBRASPE – 2018 – PC/SE – DELEGADO SUBSTITUTO) As teorias sociológicas de consenso vinculam-se a orientações ideológicas e políticas progressistas. Essas teorias consideram que os objetivos da sociedade são atingidos quando as instituições funcionam e os indivíduos, que dividem os mesmos valores, concordam com as regras de convívio.

Certo ( )   Errado ( )

QUESTÕES

Texto para as próximas 3 questões:

No que se refere à prevenção da infração penal no Estado democrático de direito, julgue os próximos itens.

133. (CESPE/CEBRASPE – 2018 – PC/SE – DELEGADO SUBSTITUTO) Medidas indiretas de prevenção delitiva visam atacar as causas do crime: cessada a causa, cessam seus efeitos.

Certo ( )   Errado ( )

134. (CESPE/CEBRASPE – 2018 – PC/SE – DELEGADO SUBSTITUTO) A alteração dos espaços físicos e urbanos, como, por exemplo, a elaboração de novos desenhos arquitetônicos e o aumento da iluminação pública, pode ser considerada uma forma de prevenção delituosa.

Certo ( )   Errado ( )

135. (CESPE/CEBRASPE – 2018 – PC/SE – DELEGADO SUBSTITUTO) A prevenção terciária da infração penal consiste em medidas de longo prazo, como a garantia de educação, a redução da desigualdade social e a melhoria das condições de qualidade de vida, enquanto a prevenção primária é voltada à pessoa reclusa e visa à sua recuperação e reintegração social.

Certo ( )   Errado ( )

Texto para as próximas 3 questões:

Texto 1A9-I: Sentença

Ação: Medidas Protetivas de Urgência (Lei Maria da Penha) Processo nº: XXXXXXX

Ana de Jesus foi à polícia reclamar que Mário, seu ex-namorado, alcoólatra e usuário de drogas, lhe fez ameaça de morte e ainda lhe deu umas refregas (*sic*), ao que se seguiram a comunicação do fato e o pedido de medida protetiva. É lamentável que a mulher não se dê ao respeito e, com isso, faça desmerecido o poder público. Simplesmente decidir que o agressor deve manter determinada distância da vítima é um nada. Depois que o sujeito, sentindo só a debilidade do poder público, invadir a distância marcada, caberá à vítima, mais uma vez, chamar a polícia, a qual, tendo ido ao local, o afastará dali. Mais que isso, legalmente, pouco há que fazer. Enfim, enquanto a mulher não se respeitar, não se valorizar, ficará nesse ramerrão sem fim — agressão, reclamação na polícia, falta de proteção. Por outro lado, ainda vige o instituto da legítima defesa, muito mais eficaz que qualquer medidazinha (*sic*) de proteção. Intimem-se, inclusive ao MP.

Texto 1A9-II

No Brasil, a edição da Lei Maria da Penha retratou a preocupação da sociedade com a violência doméstica contra a mulher, e a incorporação do feminicídio ao Código Penal refletiu o reconhecimento de conduta criminosa reiterada relacionada à questão de gênero. Mesmo com tais medidas, que visam reduzir a violência contra as mulheres, as estatísticas nacionais apontam para um agravamento do problema. No caso do estado de Sergipe, de acordo com dados do Panorama da Violência contra as Mulheres no Brasil (2016), a taxa

CRIMINOLOGIA
para concursos

de violência letal contra mulheres é superior à taxa nacional, enquanto a taxa de estupros é inferior, o que pode ser resultado de uma subnotificação desse tipo de violência.

Internet: <www.senado.gov.br> (com adaptações).

Considerando os textos apresentados, julgue os itens que se seguem, pertinentes aos objetos da Criminologia.

136. (CESPE/CEBRASPE – 2018 – PC/SE – DELEGADO SUBSTITUTO) A sentença transcrita (texto 1A9-I) exemplifica o que a teoria criminológica descreve como revitimização ou vitimização secundária, que se expressa como o atendimento negligente, o descrédito na palavra da vítima, o descaso com seu sofrimento físico e(ou) mental, o desrespeito à sua privacidade, o constrangimento e a responsabilização da vítima pela violência sofrida.

Certo ( )   Errado ( )

137. (CESPE/CEBRASPE – 2018 – PC/SE – DELEGADO SUBSTITUTO) Conforme o conceito de delito na Criminologia, o feminicídio caracteriza-se como um crime por ser um fato típico, ilícito e culpável.

Certo ( )   Errado ( )

138. (CESPE/CEBRASPE – 2018 – PC/SE – DELEGADO SUBSTITUTO) De acordo com estudos vitimológicos, a diferença entre os crimes sexuais praticados e os comunicados às agências de controle social é de aproximadamente 90%, o que estaria em consonância com os dados do Panorama da Violência contra as Mulheres no Brasil (texto 1A9-II), que indica a ocorrência de subnotificação nos casos de estupros praticados em Sergipe. Esse fenômeno, de apenas uma parcela dos crimes reais ser registrada oficialmente pelo Estado, é o que a Criminologia chama de cifra negra da criminalidade.

Certo ( )   Errado ( )

Texto para as próximas 3 questões:

No que se refere à Criminologia, julgue os itens.

139. (CESPE/CEBRASPE – 2021 – PF – DELEGADO) Prevenção primária consiste na implementação de medidas sociais indiretas de prevenção para evitar que fatores exógenos sirvam como estímulo à prática delituosa.

Certo ( )   Errado ( )

140. (CESPE/CEBRASPE – 2021 – PF – DELEGADO) Os objetos da Criminologia são o delinquente, a vítima, o controle social e a justiça criminal.

Certo ( )   Errado ( )

141. (CESPE/CEBRASPE – 2021 – PF – DELEGADO) A Polícia, o Poder Judiciário e o Sistema Penitenciário exercem o controle social formal.

Certo ( )   Errado ( )

QUESTÕES

Texto para as próximas 3 questões:

Julgue os itens a seguir, relativos a modelos teóricos da Criminologia.

142. (CESPE/CEBRASPE – 2018 – PF – DELEGADO) Conforme a teoria ecológica, crime é um fenômeno natural e o criminoso é um delinquente nato possuidor de uma série de estigmas comportamentais potencializados pela desorganização social.

Certo ( )   Errado ( )

143. (CESPE/CEBRASPE – 2018 – PF – DELEGADO) De acordo com a teoria da anomia, o crime se origina da impossibilidade social do indivíduo de atingir suas metas pessoais, o que o faz negar a norma imposta e criar suas próprias regras, conforme o seu próprio interesse.

Certo ( )   Errado ( )

144. (CESPE/CEBRASPE – 2018 – PF – DELEGADO) Para a teoria da reação social, o delinquente é fruto de uma construção social, e a causa dos delitos é a própria lei; segundo essa teoria, o próprio sistema e sua reação às condutas desviantes, por meio do exercício de controle social, definem o que se entende por criminalidade.

Certo ( )   Errado ( )

CRIMINOLOGIA para concursos

GABARITOS

01	C	02	C	03	A	04	E	05	B
06	A	07	D	08	E	09	E	10	C
11	B	12	E	13	B	14	C	15	D
16	D	17	E	18	B	19	A	20	B
21	B	22	C	23	C	24	E	25	B
26	A	27	A	28	C	29	B	30	A
31	D	32	B	33	B	34	B	35	A
36	C	37	A	38	D	39	C	40	A
41	C	42	B	43	D	44	B	45	A
46	C	47	A	48	A	49	A	50	A
51	A	52	D	53	B	54	E	55	E
56	B	57	D	58	C	59	D	60	E
61	A	62	E	63	A	64	C	65	C
66	C	67	A	68	B	69	E	70	A
71	D	72	C	73	C	74	E	75	B
76	D	77	A	78	C	79	B	80	D
81	A	82	C	83	E	84	A	85	C
86	E	87	A	88	D	89	D	90	C
91	D	92	C	93	E	94	B	95	C
96	A	97	E	98	B	99	A	100	D
101	C	102	B	103	A	104	D	105	E
106	A	107	B	108	D	109	D	110	B
111	D	112	E	113	C	114	B	115	A
116	D	117	E	118	Errado	119	Certo	120	Errado
121	Certo	122	Certo	123	Certo	124	Certo	125	Errado
126	Errado	127	Errado	128	Errado	129	Certo	130	Certo
131	Errado	132	Errado	133	Certo	134	Certo	135	Errado
136	Certo	137	Errado	138	Certo	139	Certo	140	Errado
141	Certo	142	Errado	143	Certo	144	Certo		